줄탁(啐啄)의 시 읽기

줄탁(啐啄)의 시 읽기

주강홍 엮음

시인동네

| 작가의 말 |

피 끓는 혁명의 앞잡이가 되거나,
굴욕의 쓰라린 가슴을 쓰다듬을 수 있는
그런 시를 만나고 싶다.
골고다의 십자가의 피처럼 오래 지워지지 않는 그런 것,
사탄의 유혹처럼 세상을 뒤바꿀 수 있는 그런 것,
어느 영혼을 함부로 훔쳐올 수 있는 그런 시라도 좋겠다.
괄호를 닫지 못한 마지막 말씀 같은 것이나,
함부로 인용당하는 절명의 말씀 같은 시
를 제대로 만나고 싶었다.
언젠가는 그런 날이 꼭 올 것이라 믿으며
지금도 시를 찾고 시를 쓴다.

《경남일보》에 연재 중인 시들을 정리해서 책으로 묶는다.
누구의 가슴을 잠깐이라도 적실 수 있으면 좋겠다.

2022년 12월
주강홍

| 차례 |

제1부
이 세상에 대충 피는 꽃은 없다

쩔쩔 ● 성선경 / 12

껍데기 ● 양재성 / 14

물매화 첫사랑 ● 하영 / 16

우럭 ● 서수찬 / 18

사과 선퇴(蟬退) ● 안채영 / 20

진주목걸이 ● 김정미 / 22

나에게 묻는다 ● 이산하 / 24

바닥 ● 백영현 / 26

늙은 호박의 푸념 ● 강기재 / 28

소주병 ● 공광규 / 30

매화 ● 민창홍 / 32

고백 ● 권선숙 / 34

오늘의 꽃 ● 고영조 / 36

어떤 출근 ● 이상옥 / 38

금에서 발견한 틈 ● 박기원 / 40

이슬방울 우주 ● 박제천 / 42

비명 ● 이기영 / 44

저, 새 ● 이서린 / 46

손 ● 유홍준 / 48

제2부
어떤 이름은 혀끝으로 기억하네

팽이 ● 최문자 / 52

받아둔 물 ● 주선화 / 54

살다 보면 ● 김무영 / 56

부드러운 힘 ● 김유석 / 58

간이역을 지나며 2 ● 김미윤 / 60

눈 ● 박영기 / 62

손 ● 이재무 / 64

말의 길 ● 백순금 / 66

노을에 ● 유담 / 68

파이프 오르간 ● 손택수 / 70

전어 ● 백숙자 / 72

시간을 택배 받다 ● 이호원 / 74

피뢰침 ● 함기석 / 76

비밀이다 ● 김혜숙 / 78

수박 ● 윤문자 / 80

낙과 ● 김왕노 / 82

억새 ● 이희숙 / 84

혀끝에서 맴도는 이름 ● 진효정 / 86

바닥 ● 곽향련 / 88

제3부
손바닥 안의 팔만대장경

탱자나무 울타리 ● 박종현 / 92

백목련 ● 백우선 / 94

난꽃 ● 정삼희 / 96

달걀 ● 고영 / 98

혓바늘 ● 하재청 / 100

침묵하는 바다 ● 윤홍렬 / 102

정한수 ● 조현길 / 104

몽돌 ● 이미화 / 106

칼 ● 윤정란 / 108

압화(壓花) ● 마경덕 / 110

진땀 ● 오하룡 / 112

늙은 고래의 노래 ● 김남호 / 114

나팔꽃 씨 ● 정병근 / 116

길 1 ● 제민숙 / 118

해무 ● 원담 / 120

고목(枯木) ● 우홍순 / 122

아이와 남편과 나 ● 정진남 / 124

결 ● 주강홍 / 126

마지막 고스톱 ● 이영식 / 128

제4부
나는 누구의 빈칸일까

여자의 온도 ● 문숙 / 132

그늘 – Mee Too 그 뒤 ● 김연동 / 134

얼굴 ● 이산 / 136

매미가 울면 나무는 절판된다 ● 박지웅 / 138

몽환 ● 박우담 / 140

나무경전 ● 김일태 / 142

막배 ● 김경 / 144

엄마라는 우물 ● 윤덕점 / 146

역 – 달맞이꽃 ● 이영자 / 148

줄 이야기 ● 이우걸 / 150

환경미화원 ● 이광석 / 152

묶인 해 ● 정영도 / 154

티눈 ● 박일만 / 156

목욕탕 2 ● 정이향 / 158

뒤풀이 ● 옥영숙 / 160

넙치의 시(詩) ● 김신용 / 162

쌍살벌의 비행 ● 천융희 / 164

오래된 대추나무 한 그루 ● 정이경 / 166

빈칸 ● 강희근 / 168

제5부
그림자 함부로 밟지 마라

북어 ● 이달균 / 172

독(毒) ● 최영욱 / 174

어머니 ● 박노정 / 176

뒷굽 ● 허형만 / 178

달 ● 도경회 / 180

봄날 ● 양곡 / 182

분신 ● 임성구 / 184

내 그림자 ● 이상원 / 186

목련 ● 심언주 / 188

추분 호박 ● 이월춘 / 190

파도가 새긴 서화 ● 문정자 / 192

새우 ● 서하 / 194

첫사랑 ● 안화수 / 196

새 ● 김복근 / 198

양파꽃 ● 김명희 / 200

3월의 부활 ● 강경주 / 202

회귀 ● 정강혜 / 204

환생(還生) ● 최용호 / 206

부지깽이 ● 최정란 / 208

지리산 편지 ● 황숙자 / 210

제1부
이 세상에 대충 피는 꽃은 없다

쩔쩔
●성선경

청사포 청사포
나는 사랑을 말하는데
그대는 자꾸 포구 얘기만 하네
청사포 청사포
푸른 뱀이면 어떻고
푸른 모래면 어떠랴
나는 자꾸 사랑에 눈이 가는데
그대는 자꾸 포구 얘기만 하네
천년에 한 번
백년에 한 번 달이 기우는데
청사포 청사포 물결이 밀리는데
그대는 자꾸 포구 얘기만 하네

● ● ●

꽃이 먼저 피는 것은 잎에 가려지지 않길 바라기 때문일 것이다. 더욱 거추장스러운 수식이 필요 없기 때문일 것이다. 햇살의 간들임에 견디지 못하고 터지는 망울들, 눈부신 속살에 온 세상이 환하다. 나는 연민으로 피고 싶은데 그대는 자꾸 옷깃만 여민다. 환장할 봄이다. 모두의 눈이 빛난다.

껍데기
● 양재성

누군가 그랬다 껍데기는 가라고
알맹이만 남으란 말씀이신지
애초 껍데기가 없는 알맹이가 어디 있으랴

가을걷이를 하다 보면
알맹이보다 껍데기가 많기도 하거늘
모진 계절일수록 껍데기는 두꺼워지는 법

소라게의 꿈은
단단한 고둥 껍데기를 갖는 것
더는 껍질을 껍데기라 홀대치 말게

알찬 알맹이를 위하여 껍질의 보호본능은 그 고단함이 이를 데 없다. 생장의 전 과정에 외풍을 감당해야 하고 일사를 견디고 부단한 침입자에 강단으로 버티는 노고는 오직 조건 없는 자기희생이다. 한 움큼 바람에 휩쓸려 다니는 마른 껍질도 한때는 사명에 충실했고 조직과 환경을 위하여 몫을 다했을 것이라는 항변 같은 시가 가슴에 아려오는 건, 이미 퇴화를 시작한 시대의 사람들의 공감대적 염려로 눈에 밟히기 때문이다. 바람에 몰린 껍데기들처럼 세풍에 밀려 구석에 서성대는 일상이 함부로 대입되는 건, 상상의 지나침일까. 아직은, 이라는 강변의 소환일까. 시(詩)는 늘 틈새에서도 생각을 키운다.

물매화 첫사랑
● 하영

오랫동안
석간수 흐르는 작은 연못에
제멋대로 뛰놀던 은어 한 마리
저문 강 저편 바다로 내몰았습니다

물길이 잦아져 고요할 때까지
고요와 고요의 경계가 사라질 때까지
오랫동안
가슴을 쓸어내리며 바라보았습니다

오랜 시간 흐른 지금에도
물매화 꽃그늘 수시로 드나들며
비늘로 번득이는 은어 한 마리

●●●

첫사랑은 언제 들어도 설레는 단어다. 젖몸살을 앓게 되고 사타구니에 까슬한 털이 도드라져 스스로 놀라던 시절이 있었다. 밤새 요란한 사랑을 혼자서 달래던 지독한 날들도 있었다. 그리고 태연함으로 위장한 그 격정을 끝내 고요로 감당한 적도 있었다. 내숭을 떨고 얼굴만 빨개지던 그 사랑을 나는 아직도 가꾸고 있음을 숨기지 못한다. 앵두꽃이 피고 고랑에 흐르는 저 연못의 은어 한 마리, 대해를 헤매다 귀소본능(歸巢本能)으로 돌아와 비늘로 번득이며 그 기억을 돋게 한다. 숨겨둔 사진첩의 저 흑백사진처럼 아문 상처에 새 피를 흘리게 한다. 너의 이야기이고 나의 이야기일 수 있는 시 한 편이 파편으로 꽂힌다. 숨긴 듯 드러내며 실토를 구한다. 여백에 딴전을 부리는 수작이 대단하다. 신은 세상을 참 재미있게 만들었다.

우럭
● 서수찬

되는 일이 없을 때
앞이 한 치도 안 보일 때
바닥을 치기만을
바랄 때가 있다

더 이상 떨어질 수 없는 바닥이
희망이 될 수 있다

하지만 바닥이 늘
고향인 사람들에게는
그런 말 하지 마라
그건 욕이다

•••

수조에서 건져진 우럭 한 마리가 바닥을 치며 요란하다. 그에게는 이 순간이 마지막 몸부림이며 절체절명의 순간이다. 지느러미를 휘저으며 푸른 꿈을 나누던 한 시절이 물결처럼 뇌리에 스친다. 미로를 벗어나지 못해 삶의 그물에 엮여 버둥대는 마지막은 자책의 고통일 것이다. 한계에 부딪히고 반등을 노리는 요행은 누구에게나 희망이지만 저 우럭처럼 더는 선택의 여지가 없는 자에게 격려는 조롱일 수도 있다. 저 바닥은 더 이상 잃을 것이 없는 곳이기에 위험한 곳이다. 혁명은 언제나 저기에서 시작되었고 어떤 논리나 철학도 합당한 답을 주지 못한다. 앙다문 조개의 주둥이처럼 닫힌 세상에서 저항은 다 죄가 아니다. 우럭 한 마리의 처절한 환경을 치환하여 독자들에게 메시지를 전하는 화자의 재치가 여러 갈래로 읽히는 건 이 시대의 아픔 때문일까. 순명(順命)을 기대하며 바닥의 울림이 큰 북이 되기를 새겨본다.

사과 선퇴(蟬退)

● 안채영

빨간 사과에 달라붙어 있는
빈 껍질의 선퇴
너무 밝은 사랑을 택했었구나

사과는 또 어쩌자고
여름내 울고 갈 마음을
철없이 익어가는 계절에 들였었나

칠 년을 기다려 이룬
짧은 동거
옷도 챙기지 못하고
도망간 짧은 사랑

빨간 거짓말만 달려 있구나

∴

　선퇴(蟬退)는 매미의 허물이다. 유충에서 매미로 변신하며 남긴 껍질이다. 뜨거운 날, 우렁찬 울음에 혹해서 모든 걸 받아들여 알을 생산하고 생을 마친 암놈의 슬픈 전신이다. 사과보다 더 붉은 사랑으로 여름을 달구었던 그대의 말씀이 모두 거짓투성이란 걸 알게 된 후, 빈 몸으로 겨우 벗어난 젊은 한때의 장면이다. 속임수의 늪에서 보따리도 챙기지 못한 버선발로 도망 나온 한(恨)이다. 허구의 소설보다 더 지독한 생의 체험이다. 한여름 땡볕 사과나무에서 칠 년을 기다려 매미가 된 유충의 허물과 수액을 빨아 당기는 매미에서 어떤 아픔을 대입한다. 술수도 능력이겠지만 누구의 삶을 헝클어지게 한 저 붉은 거짓말의 분노, 함께한다.

진주목걸이
● 김정미

눈물은 조개를 만나야 진주가 된다지
몇 개의 아름다움을 위해
그 찬란한 죽음의 채굴을 못 본 체할 참이야

혼잣말이 넘실대는 파도의 결은
결국, 내가 흘러갈 곳이므로

슬픔이나 눈물은 침묵이어서
맑은 것들은 자주 얼룩이 지곤 해서
흐린 날에도
목에 걸 예쁜 목걸이가 필요하지

바다가 울어야
조개도 여분의 상처를 갖게 된다지
그 침묵에 갇힌 흉터를
누군가는 슬픔의 내공이라 했지

쉿,

계속 발굴되는 그 슬픔을 어떻게 모른 체해

●●●

자기 몸에 주입된 이물질이나 상처를 체액으로 감싼 것이 진주다. 시간을 두고 부피가 커지면서 윤택이 도드라지는 것은 아픔을 감싼 눈물이 값지기 때문이다. 넘실대는 파도 아래의 뻘밭에서 상처를 움켜쥐고 인내를 덧씌우며 키워온 고통의 부피는 그래서 더욱 거룩하고 찬란하다. 침묵으로 버틴 슬픔 같은 것, 얼룩을 지운 맑은 눈물 같은 것. 그것들이 두께를 더해가며 견디는 내공으로 보석을 만든다. 코로나 사태로 세상이 흔들리고 있다. 모두의 가슴에 상처를 채굴하고 있다. 오직 이 시대의 해법은 견디는 것. 기대와 탄식을 교차해가며 울음을 감당하는 것. 나무의 상처가 옹이가 되어 더욱 단단해지는 것처럼 지금은 야물어지는 슬기를 익혀야 하는 시간이다. 시대의 통증이 머지않아 보석이 되어 모두의 가슴에 훈장처럼 빛나는 그런 날을 기다려보자.

나에게 묻는다

● 이산하

꽃이 대충 피더냐.
이 세상에 대충 피는 꽃은 하나도 없다.
꽃이 소리 내며 피더냐.
이 세상에 시끄러운 꽃은 하나도 없다.
꽃이 어떻게 생겼더냐.
이 세상에 똑같은 꽃은 하나도 없다.
꽃이 모두 아름답더냐.
이 세상에 아프지 않은 꽃은 하나도 없다.
그 꽃들이 언제 피고 지더냐.
이 세상의 모든 꽃은
언제나 최초로 피고 최후로 진다.

●●●

붉은 해를 쓰다듬으며 다짐의 각오도 많아졌다. 욕심도 원(願)이다. 원은 간절한 것이다. 꼭 하고 싶은 일이나 구해야 할 것들의 집합이다. 그 주문이 많다는 건 간수할 게 많고 치다꺼리가 많다는 거다. 아직 채우지 못한 것이나 더 크게 매듭을 지어야 할 것이 있다는 거다. 세상 모든 꽃도 사람도 대충 태어난 것은 없다. 존재 가치는 절대적이다. 아픔을 삼키지 않고 살아온 이도 없다. 들여다보면 상처 투성이지만 드러내지 않을 뿐이다. 꽃도 사람도 피었으니 언젠가는 지겠지만 그 과정도 중요하다. 성실하게 최선을 다하는 것이 가장 아름다운 꽃이 되는 길이다.

바닥

● 백영현

떠나지 못하는 사람들
빨판같이 떨어지지 않는 배를 바닥에 대고
낮은 것들에 경배를 한다
서로 어깨를 기대어 안부를 묻고
마른 잎 흔드는 겨울나무 보며
고개를 떨구고 있다

바닥으로 떼 지어가는 자벌레
네 발의 짐승과 등 걸음으로 걸으며
해독할 수 없는 상형문자를 남기고 있다

바닥에 갇힌 사람들
젖은 발아래 경쟁 없는 풍경을 물끄러미
바라본다
노동을 끝낸 사람들이 모여들고
둥글게 웅크린 등을 바닥에 붙인다

• • •

더는 남을 것이 없는, 낮아질 수 없는 상태의 것들이 모여 서로를 위로하고 다독이면서 견디는 그곳이 바닥이다. 치열한 생존의 지역이기도 하지만 반등의 시작점이기도 하여 늘 바닥에서의 셈법은 어렵다. 함몰과 비명과 아쉬움이 조합하여 깔려 있는 곳이기도 하지만 새 역사를 조립하여 창출하는 위험한 곳이기도 하다. 혁명의 기초는 늘 바닥의 울림에서 기초하기 때문이다. 종점이기도 하지만 시작점이기도 한 그곳의 조용한 회오리를 시인은 깊은 눈으로 들여다보고 있다. 엎드릴 수 있는 지혜와 삶의 방정식은 언제나 어렵고 해법은 스스로의 몫이다.

늙은 호박의 푸념
● 강기재

하찮은 꽃이라며 거들떠도 안 보다가
뙤약볕 달구어서 농익은 몸매 되니
모두가 부러워하며 갖고 싶어 안달이다

노랗게 꽃 필 때는 눈길 한번 안주더니
누렇게 익고 나니 너나없이 탐을 낸다
온몸을 쓰다듬으며 안아보고 싶어하네

호박꽃도 꽃이냐며 핀잔주던 사람들아
세상일 모르오니 미리 예단하지 마오
속단은 금물이란 걸 되새기며 살아야지

●●●

더듬고 다듬어서 스스로 길을 만든 매듭의 호박 줄기가 어머니의 손마디를 닮았다. 산달의 배를 안고 척박한 땅에 무엇이든 안고 넘어야 했던 억척이 꼭 어머니를 닮았다. 가뭄에 눈물로 뿌리를 적시고 뙤약볕 들녘에서 마른 젖을 물리던 그 어머니가 나락이 베인 휑한 늦가을에 누런 호박으로 앉아 계신다. 화장기 없는 민얼굴로, 그래도 제법 제대로 살았다고 넉넉히 계신다. 주렁주렁 새끼들도 가을 햇살을 보듬고 웃고들 계신다. 지금쯤이면 집 나간 사내도 아내의 듬직한 허리가 더 그리울 나이, 인정스러운 가을 햇살에 누런 호박은 더 익어가고 계신다.

소주병

● 공광규

술병은 잔에다
자기를 계속 따라주면서
속을 비워간다

빈병은 아무렇게나 버려져
길거리나 쓰레기장에서 굴러다닌다

바람이 세게 불던 밤 나는
문 밖에서
아버지가 흐느끼는 소리를 들었다

나가보니
마루 끝에 쪼그려 앉은
빈 소주병이었다

∙∙∙

아버지가 이 세상에서 제일 위대한 줄 알았던 소아기를 지나, 아버지를 배타하는 에디푸스 콤플렉스의 청년기를 지나, 어느덧 아버지의 그 초라하고 고단한 마음을 이해하는 장년의 나이가 되었다. 소주 한 병으로 용기를 돋우고, 소주 한 병으로 피폐한 삶을 달래던 애환이 마루에 뒹군다. 비워져서 용도 폐기된, 속바람을 깊이 넣으면 신음의 악기가 되기도 하는 저 소주병. 조물주도 벅차서 떠넘긴 몫을 부성애(父性愛)란 이름으로 견디는 저 거룩한 신앙, 마루 끝자락에서 사부곡(思父曲) 한 편으로 쪼그리고 있다.

매화

● 민창홍

눈이 온다는데
우기니
어쩌라

찬바람 부는데
굳이 온다고 우기니
어쩌라

구불구불 흐르는 길
햇살이 비틀거리니
어쩌겠는가

나 혼자 우겨본들
어쩌겠는가

● ● ●

매화가 피시겠다는데 어쩌겠는가. 아직은 겨울이 가시지 않은 산자락에 철없이 서 계시겠다는데 어쩌겠는가. 저 길 따라 햇살마저 따라와 보듬어 주시겠다는데 어쩌시겠나. 입춘으로 열린 그 문을 가만히 밀고 아직은 겨울이라고 아무리 일러봐도 성급히 열리는 저 꽃 마음을 어찌 말리시겠나. 순백의 세상에 수줍게 벙그는 저 꽃. 말릴 수도, 부추길 수도 없는 곡절 없는 저 호기심을 또 어쩌시겠나. 봄은 어디서 한바탕 싸워서 이겨서 오고 매향과 함께 오시는 저 맑은 시심(詩心)은 또 어쩌시겠나. 총명하고 단아한 옛 연인 같은 꽃이여. 나직한 웃음으로 곁을 지켜주던 저 꽃이여. 개운하게 파고드는 시 한 편이여.

고백

● 권선숙

순두부 집에서 옛사람과 맞닥뜨린 뒤
저만치 대각선으로 앉았다
한 번 더 모자를 푹 눌러쓰고 나면
서로의 생각을 읽을 수 없는
읽히지 않는 그 순간 편안해서
잠시 모자를 기억의 잠금장치로 삼는다
한때는 와글와글 뚝배기 순두부처럼 뜨겁게 달아오르던
너무 뜨거워 데인 곳이 상처가 되어버린
젊은 날의 사랑이여
함석지붕 위에 얹히는 늦은 오후의 햇살같이
멀리서 눈부시기만 한
너무 짧아서 잡히지 않는
내 사랑아, 떠나라
한동안 햇살이 데워 놓은 훈기로
밤마다 등줄기가 뜨듯했노라고
이제, 고백한다

●●●

우연히 옛사랑을 좁은 공간에서 만난 당혹감, 화들짝 놀란 가슴을 쓸어내리고 겨우 눈빛만 모자 밑으로 감추며 숨을 삼키는 장면이 시적 생동감으로 스며든다. 금세 알아챌 모습들을 애써 모른 척해야 하는 순간, 탱탱한 긴장이 함석지붕의 햇살처럼 뒹굴고 사랑에 데인 옛 상처가 도져서 화끈거리겠다. 함부로 다가가 인사를 나누지 못하는 모질게 뜨거웠던 사랑이었거나, 실타래를 풀다가 매듭으로 끝난 사랑이었거나, 진정 짧아서 끈을 놓친 사랑이었거나, 격정의 한때를 화두로 던지며 아직 온기를 고백하는 시인의 심기가 당차다. 원망이 없는 이별은 더욱 넉넉하다. "사랑하였으므로 행복하였노라" 청마의 시 구절을 읊어본다.

오늘의 꽃

● 고영조

시냇물 사이에 두고
피고 지는 꽃들
순간순간 태어나는
들숨과 날숨을 본다
방죽에 앉아
너와 함께 마시는 차
오늘 더 따스하다
언제였든가
마주 보며
당신과 함께
다시 태어난다
새로운 것은 없다
다시 태어날 뿐이다
내 속에서 피고 질 뿐이다
그걸 몰랐다
어제 핀 꽃은
어제 태어난 꽃
오늘 핀 꽃은

오늘 태어난 꽃
그 꽃을 보려고
설레며
눈 번쩍 뜬다

●●●

일상에서의 새로운 발견, 물리적 시각에서 감성적 반응을 일으키는 봄의 꽃에서 사랑의 구조를 들여다보게 한다. 소진된 감정의 바닥에서 새로운 움이 트고, 그 감동이 꽃으로 피어날 때 그 아름다움은 꽃대 위에 더욱 환하다. 아름다움은 가치를 읽어주는 이에게서 더욱 아름답기 마련이다. 너 속에 뿌린 꽃씨가 시방 발아 중이고, 그리고 더러 수줍게 만개한다. 어제 꽃은 어제 피었고 오늘의 꽃은 오늘 피었다. 예사로운 눈을 닦고 모두 곁의 꽃을 찾아야 할 일이다. 그래서 오월은 잔인한 달이다.

어떤 출근

●이상옥

벌거벗은 짐승 한 마리
눈을 부스스 뜨고는
벌떡 일어나
면도를 하고
허겁지겁 우유 한 컵
빵 한 조각
양복을 입고
넥타이도 반듯하게
승용차를 타고
바흐를 들으며
자동차 전용도로
운전대를 단단히 잡고서는
어떻게든
송곳니가 드러나지 않아야

●●●

사냥은 늘 평온한 일상에서 시작된다. 대상이 전의를 알아채기 전에 은밀하게 그러나 단호하게 급습해야 성공률이 높다. 숨소리도 감추고 낮은 자세로 가만히 다가선다. 쟁취까지의 상황은 치밀한 계산과 근면을 필수로 한 실력이다. 생존은 늘 가파른 언덕길을 오르듯 가쁜 숨을 요구하고 막다른 한계치에서 처절한 몸부림을 만나게 한다. 나에게 원하는 것들과 내가 원하는 것들이 또 같이 원해야 할 것들이 함께 헝클어져 사는 사회에서 자기감정의 노출은 좋은 기술이 아니다. 모름지기 눈빛마저 감추고 송곳니를 견딜 줄 아는 지혜를 시 한 편에서 배운다.

금에서 발견한 틈

● 박기원

벽에 금이 갔다

양쪽을 하나같이 바라볼 수 없게 생겼으니

이쪽을 살피고 저쪽을 외면하게 생겼다

저쪽을 살피고 이쪽이 섭섭하게 생겼다

속삭일 수 없으니 귓속말이 남아 있지 않게 되었다

더 이상 무마의 땜질 따위로 결속을 소비할 순 없는 일

더 이상 못 본 척해야 할 일만 남은 건 아닐까

갈라진 틈으로 작은 생명들이 집을 짓는다

방심한 틈으로 사람이 집을 비운다

이대로 익숙해질까

우리, 제대로 아물 수 있을까

● ● ●

온전한 것들도 압력을 받으면 균열이 생기고 틈이 만들어진다. 외부의 충격이든, 내부의 갈등이든 벌어진 틈바구니는 여간 흉하지 않다. 더러는 그 틈새를 즐기며 기생하는 것들도 생기게 되고 비집고 자리를 잡는 것도 있게 마련이다. 사람 간의 틈은 더욱 그렇다. 입장과 사정이 달라서 명징한 판단을 하지 못하고 눈치를 보면서 시간을 버는 것이 예사다. 편을 가르지 않기 위해 숨소리, 눈빛 하나도 거슬리게 되는 것이어서 여간 조심스럽다. 가까운 사이일수록 단면은 날카롭다. 구하는 것이 많았다는 증좌다. 익숙해진다는 것과 아물고 싶은 것들, 역사는 늘 그렇게 진화되어 왔다.

이슬방울 우주

● 박제천

뉘엿뉘엿 해가 지는 강물 반짝이는 윤슬
모두 다
이슬방울 속이다

가지 마, 가지 마, 소리 뒤로 사라진
이별도
이슬방울 속이다

이슬방울 물결에 떠도는 별빛,
추억의 기록들,

그대 입술, 그대 혀, 그대 숨소리
모두 다 이슬방울 속이다

몸을 뉘이자
꽃술을 아무리는 금강초롱꽃, 한 방울
이슬방울 우주를 그대에게 실어 보내는 저녁노을,

이윽고,
이슬방울 달이 뜬다.

●●●

한 방울의 이슬에 우주의 위대한 섭리를 대입하였다. 자연이나 사람살이나 모두가 시간과 조건의 조화에서 소멸하고 생성되고 또 부침되는 것. 일상을 광활한 우주의 눈으로 내려다본 시 한 편, 거시의 눈으로 본 세상은 찻잔 속의 회오리다. 무념(無念)과 무상(無想)의 조용한 일갈, 시인의 말씀도 이슬방울 속이다.

비명
●이기영

땅속으로 뻗었어야 할 뿌리가
흙을 빠져나와 보란 듯이 맹렬하다

온화하면서도 단호하게 아름다운 이미지

백화된 뼈가,
서로가 서로의 흰 정강이뼈를 껴안고

붉다

●●●

일상에 묻혀 있어야 할 사연들이 난데없이 노출되거나 예기치 못한 상황에서 누구를 만나게 될 때의 난처함. 준비되지 않은 조건 속에서 민낯을 드러내야 할 때가 있다. 그러나 커튼을 치우거나, 혹은 아예 모든 것을 감수하고 차라리 세상에 돋아날 때의 맹렬함은 시선의 저울에 따라 다르다. 더 이상 비밀스럽지 않은 용기의 저 단호함. 영혼이 엉켜 있는 뿌리의 치열함은 나름대로 가치의 이유를 갖는다. 비명이란 각색되지 않은 본능의 소리이지만 기존의 지식이 고착화된 편협일 수도 있다. 맹렬한 것은 장엄할 수도 있다. 그래서 치열함은 붉다.

저, 새
●이서린

바람에 비가 날린다

빗방울 매달린 검은 전깃줄

하염없이 비를 맞고 있는 새

꼼짝 않고 저 비를 다 견뎌내는 새

울지도 않고

날지도 않고

비에 젖어 옥상 난간 한참 서성이던 그때처럼

오지게 젖고 있는

저, 새

••••

갈 곳이 없는 것은 아니지만 딱히 발걸음이 떨어지지 않는 그런 날이었다. 깃털 사이로 파고드는 냉기를 감당하며 그냥 허공에 눈동자를 둔 날이었다. 누구에게도 내보이고 싶지 않은 사연을 다스리며 그냥 젖고만 싶은 날이었다. 외줄 전깃줄에 후들거리는 체중을 맡기고 무리에서 멀어진 저 새 한 마리. 비상을 포기한 채 부리에 맺히는 눈물을 감당하는 그런 날이었다. 호주머니 안의 손은 시리고 신발이 물씬 젖어도 차마 발걸음이 떨어지지 않는 그런 날이 있었다. 항변과 저항을 포기한 채 생의 외줄에 휘청이던 적이 있었다. 휴대폰의 울림은 안부를 채근해도 분별을 가린 어둠 속에서 헤아림을 묻어둔 채 망연한 두 눈을 빗방울로 채운 날이 있었다. 먼 기억의 껍질을 쪼아대는 시 한 편, 한 마리의 새가 되어 다시 젖고 있다.

손
●유홍준

사람이 만지면
새는 그 알을 품지 않는다

내 사는 집 뒤란 화살나무에 지은 새집 속 새알 만져보고 알았다 남의 여자 탐하는 것보다 더 큰 부정이 있다는 거, 그걸 알았다

더 이상 어미가 품지 않아
썩어가는
알이여

강에서 잡은 물고기들도 그랬다

내 손이 닿으면 뜨거워
부정이 타
비실비실 죽어갔다 허옇게 배를 까뒤집고 부패해갔다

∙∙∙

사람 손을 탄 새의 알을 어미가 더는 품지 않는 것은 안전을 담보하지 못한 스트레스일 수 있고, 다른 가족의 보호를 위한 모성의 본능일 수도 있고, 소중한 것들을 제대로 건사하는 지혜일 수도 있다. 금기되어야 할 것들이 경계를 넘어서는 바람에 문제가 되는 것들이 많다. 우연이든 의도적이든 행위의 결과와 그걸 바라보는 시선을 감당하지 못할 때가 있다. 시간과 조건과 환경은 지워져 버리고, 오직 현재의 기준으로만 판독을 구할 때 사실 뒤에 숨은 진실은 힘을 잃는다. 손바닥의 잔금을 물끄러미 본다. 이 손을 스쳐간 무수한 역사들이 미로처럼 엉켜 있다. 쥐락펴락 골마다 말씀들이 견디고 있다. 시인의 뜨거운 손도 그럴 것이다.

제2부

어떤 이름은 혀끝으로 기억하네

팽이

● 최문자

세상이 꽁꽁 얼어붙었습니다 하나님,
팽이 치러 나오세요
무명 타래 엮은 줄로 나를 챙챙 감았다가
얼음판 위에 휙 내던지고, 괜찮아요
심장을 퍽퍽 갈기세요
죽었다가도 일어설게요
뺨을 맞고 하얘진 얼굴로
아무 기둥도 없이 서 있는
이게,
선 줄 알면
다시 쓰러지는 이게
제 사랑입니다 하나님

●●●

사랑이라는 단어 말고는 더 사랑을 표현할 언어는 없다. 그러나 사랑은 포도주를 담은 유리잔 같은 것이어서 선반 위에서는 언제나 위태하다. 천 갈래 채찍에 몸을 맡기고 즐거이 돌아가야 하는 팽이처럼 직립을 위해서는 시퍼런 충격이 필요한 것, 사랑은 움켜진 물처럼 늘 어렵다.

받아둔 물

●주선화

밥물은
전날 받아둔 물로 한다

미리 받아둔
순한 물이다
화를 가라앉힌 물이다

찻물이나
화분에 물을 주어도
순한 물을 쓴다

순해지는 나이를 지나고 보니

두둑한 땅 아래로만 흐르는
이랑 물인 거 같고

나는 여전히 악, 소리 한번 하지 못하고
넌지시 바보 소리나 듣는

그저 그렇게 받아둔 물인 거 같고

●●●

노자의 도덕경 상선약수(上善若水)를 다 인용하지 않더라도 자연에서의 물은 우리에게 시사하는 바가 크다. 온유하고 스스로를 낮추며 구석구석까지 스며들어 수평을 맞추고 장애물에 비켜 갈 줄도 아는 지혜는 물론 넘쳐서 거룩히 분노할 줄 알고 얼음이 되어 단단하게 견딜 줄 아는 결기 또한 물에서 배우기도 한다. 떫은 풋내를 지우고 익어가며 침잠의 심상을 스스로 체득한 경지에서 곡선의 겸손을 일러주는 시 한 편, 앙금의 정제는 늘 시인의 화두임이 엿보인다.

살다 보면

● 김무영

살아보고 사는 사람은 없다
세상은 미리 손 내밀지 않는다
정해져서 리허설 하고
공연하는 것이 아니라
즉석에서 바람 부는 대로 쓰려졌다가
어느 골짜기에 가서
늘 시작이거늘

모난 것은
둥글어져서 더는 무디지 않을 때까지
가르치고 있는 거다

∙∙∙

가고자 하는 길과 가는 길이 다르고 또 가야 할 길을 구하는 번민과 갈등 속에서 등을 미는 시간 따라 이만큼 끌려온 생의 단막극. 각본이 없는 연출에 주연인지 조연인지도 애매한 서툰 한 생을 모두가 딛고 산다. 지우고 다시 할 수 없는 완성처럼 결과는 과정의 산물이다. 과정은 필수이고 선택이다. 달관은 아는 것만큼만 헤아리는 것이다. 빛나는 모서리는 둥글어지고 날은 무디어져 뭐든지 다 껴안을 수 있는 경지. 산다는 건 그저 밀리고 쓸리며 익어가는 것이다.

부드러운 힘
●김유석

둑방 밑에 버려진 토관을 호박넝쿨이 얽고 있다.

연두의 입술이 벌건 철근가닥을 핥고 있다.

잉잉거리는 벌 소리 꽃봉오리에 싸 가만히 들려주고 있다.

대낮의 관능은 남사스러워, 잎사귀 가리고

무른 젖꼭지를 물리고 있다.

몸을 뒤틀며 힘줄 옭아 넣고 있다.

● ● ●

가을 들녘을 호박넝쿨이 낮은 포복으로 기어가고 있다. 부드러우나 억척스럽게 세상을 더듬으며 초롱의 꽃을 피우고 있다. 조금씩 아주 조금씩 다독이고 쓰다듬는 듯 기어오르는 저 무례함. 가만히 옭아매는 기만의 수작에 이미 얽힌 것들은 오르가슴이 한참이고 미리 제압된 대지의 아랫도리는 누런 호박이 만삭이다. 잎사귀를 뒤덮고 서둘지 않는 관능! 묵은 것들의 촉수에도 새순이 돋고 둑방 밑은 온통 비명투성이다.

간이역을 지나며 2

● 김미윤

떠날 자 떠나게 하고 침묵처럼 가라앉는

인연은 마침표 되어 적멸로 채워지리니

단색화 같은 세월이 허허롭게 걸린 역두

돌아올 수 없는 길로 흐린 기약은 흐르고

소소한 풍경 속에서 조각난 눈빛을 줍듯

바람 끝 일몰로 타는 저 만수받이 플랫폼

●●●

한 해의 매듭을 맺으며 되돌아본 삶의 궤적은 원근에 따라 판독이 다르다. 바람에 떠밀려 쉼표처럼 서녘 하늘에 서성거리는 반쪽 달처럼 달력 끝장에서 머뭇거리는 지금은 더욱 생각이 많아진다. 살아온 것들이 함부로 갈겨 쓴 낙서장 같기도 하다. 그래도 소중한 문장 몇 개는 구한 것 같기도 하다. 과정을 결과에 대입하는 방식에 따라 답이 자꾸 흩뜨려진다. 그래도 철로의 침목처럼 단단하게 같이 했던 모든 분들에게 감사하고 우린 또 기착지를 정하지 않은 채 한 생의 간이역을 지난다. 저 고개 너머 분명 피안(彼岸)이 있을 것이다.

눈

●박영기

봄이 아닌데 봄, 봄, 봄, 버드나무 씨앗들이 갓 털을 달고
주저 없이 허공에 발을 내딛는다

땅에 닿으려는 발버둥
닿지 않으려는 안간힘!

허공에 쓸리는 몸이 뜨거워… 너무 뜨거워 온몸이 시려. 허공을 밟는 발바닥이 타,

일생일대
죽을 때가 제일 뜨거워

저것 봐, 땅에 닿은 몸이 반짝, 재도 안 남긴다

따라와 주저 말고

●●●

10층 높이에서 떨어질 때의 속도가 시속 80킬로미터라는데 그 긴 시간 동안 무엇을 생각할까. 닿으려고 발버둥 칠까, 닿지 않으려고 안간힘을 쓸까. 충격의 마지막 느낌은 또 어떤 것일까. 주저 없이 허공에 발을 내리는 일이나 줄을 끊고 구심점을 벗어나는 일들이 예사롭게 따라갈 일은 아니지만 다만 저 눈처럼 접지하는 순간 소멸하여 버리는 마지막 에너지는 뜨거울 것 같다. 눈 내리는 상황을 재기 발랄하게 묘사한 시. 하지만 읽는 사람은 이렇게도 받아들일 수도 있다. 시는 독자의 몫이기 때문이다.

손

● 이재무

새삼 두 손을 번갈아 바라본다
참 죄가 많은 손이다
여자 손처럼 앙증맞은 이 손으로 나는
얼마나 큰 죄를 저질러 왔던가
불의한 손과 악수를 나누고 치솟는 분노로
병을 깨고 멱살을 잡고, 음흉하게 돈을 세고
거래를 위해 술잔을 잡고
쾌락을 위해 성기를 잡고, 잡아왔던가
왼손이 한 일을 속속들이 알고 있는 오른손이
물끄러미 내 얼굴을 바라다본다
펼친 손에는 내가 걸어온 크고 작은 길들이
지울 수 없는 금으로 새겨져 있다
손을 잘라야 할 날이 올지도 모르겠다
손 없이 밥을 먹고 손 없이 책을 읽고
손 없이 사람을 만나 뜨겁게 포옹하며
사는 날이 오리라

●●●

이 작은 손으로 저지른 일들을 문득 되돌아본다. 손바닥의 잔금처럼 무수히 행했던 기록들이 죄목처럼 얽혀 있다. 거머쥐고 싶었던 야망과 놓치고 싶지 않은 욕망, 정의를 말하며 불의를 쓰다듬던 이율배반, 겸손으로 가리던 기회주의의 영악이 타래처럼 갈라진 내 삶의 안쪽, 그럴만한 핑계로 가렸던 손바닥 속에 손금처럼 엉켜 있다. 우린 언제 이 손들을 잘라내고 성긴 마음으로 살아갈 날을 기대할 것인가. 오므렸다 펼쳤다 반복하는 원죄의 이 손.

말의 길

● 백순금

수많은 길이 있듯 말에도 길이 있다

헐겁게 던진 불씨 앙금의 싹을 틔워

철심에 맞닿은 말투 가부좌를 틀고 있다

정으로 내려치듯 명치끝 저며올 때

입속에 돋은 가시 핏빛 날개 돋았지만

무시로 삭인 불덩이 갈 길을 잃고 눕다

함부로 씨불대는 말씀이 급소에 박힌 못이 되어 진저리 칠 때가 있다. 날마다 도지는 상처를 껴안고 불덩이로 살면서도 저 교활한 눈빛과 찢어진 주둥이를 어쩌지 못해 끙끙 앓게 될 경우도 많다. 차마 맞대응하지 못하는 내 자존이 부끄럽게 병이 되어 중하게 앓기도 한다. 말[言]의 사고는 역사도 바꾼다. 한 치 혓바닥 때문에 온 동네 목숨들을 다 내놓은 경우도 허다하다. 그래도 그 병은 간단치가 않다. 그 화근은 신이 인간과 함께 만들었고 결국 함께 거둘 수밖에 없는 일이다. 세상은 그러고 그러면서 이만큼들 살아간다.

노을에
● 유담

오늘도 피 터진 하루 말갛게 씻어 널었다

고단한 빨래에 배인 핏물 가시어
내가 내 그림자를 끌어야 하는 시간
일상은 잠시 엄숙해지는데

경례하듯 능선을 지나는 새 떼

밀레의 그림에 갇혀 영원히 기도하고 서 있는 이
이리로 나오라
나오시라

붉은 강 하염없는 여울에 술 한 사발 부어 놓고

꼭 그래야 할 것 같은 시간에

●●●

하루치의 노동을 마친 태양이 모든 빛을 걸머지고 서녘으로 넘어가는 모습에서 피 터지게 살아온 일상을 되돌아보게 한다. 이제 그림자도 거두어들이고 고단한 하루를 켜켜이 접어 널린 빨래처럼 개어야 할 시간, 더 늦기 전에 둥지로 향하는 새 떼들의 모습처럼 장엄한 질서다. 어쩐지 영원히 선택 없는 노동에 시달릴 것 같은 그림 속의 그들을 불러내어 노을이 타는 강가에서 속내를 터놓고 나누고 싶은 것은, 나의 진부한 일상을 헹구고 거부할 수 없는 반복을 위안하고 싶은 것이다. 어깨에 걸친 세상을 붉게 만드는 시도 있다.

파이프 오르간

● 손택수

좋은 소리는 사라지는 것이다
사라지는 음을 따라 행복하게 나도 잊히는 것이다

그런 음악이 있다면
완공된 건축물들이 잊고 사는 비계다

발판에 구멍이 숭숭한 것은 새처럼 뼈를 비워 날아오르기 위함,
하지만 여기서 비상은 곧 추락이다

음악이 되려고 뼈가 빠져본 적 있나
한여름이면 철근이 끈적한 거미줄처럼 들러붙는 허공

모든 건물들은 잊고 있다
뼈 빠지는 저 날개의 기억을,
흔적도 없이 해체하는 비상의 기술을

건축을 잊은 건축이 음악에 이른다

철근 위에서 깃처럼 펄럭이는 비계공들,
뽑아 올리는 파이프가 웅웅 울고 있다

● ● ●

건축을 할 때 높은 곳에서 안전한 발판을 깔고 작업하기 위해 쇠 파이프로 둘러치는 것이 비계다. 망치와 톱과 연장들이 부딪치면서 나는 소리들을 시인은 파이프 오르간 연주로 버금했다. 과정은 결과에 묻혀버린다. 우리의 안락한 거주가 작업자들의 노고를 잊고 있고, 사람살이에서 지금을 지탱하고 온전하기 위해 도와주었던 많은 이들을 잊고 살 수도 있다. 아니 억지로 잊어버리고 무시해 버리는 것이 편할 때도 많다. 그것도 안주의 악(樂)일 수도 있다. 새삼 돌이켜보게 하고 껍데기를 벗겨 해체하여 저 깊은 곳에 송곳을 찌르는 좋은 시다. 생각이 깊어지게 한다.

전어

● 백숙자

뭍에 오른 바다
활활 타오르는 장작불 석쇠에
푸푸 흰 거품 전하고픈 말이 많다

소주 한 잔 두 잔
목줄기에 걸려든 사랑 하나 가시로 돋아났다가
독한 술을 삼킨다
등에서 타는 천일염처럼

흔들리는 어금니로 흰 파도의 뼈를 잘근 씹는다
고소한 육질이 이별은 별거 아니라며
시린 잇몸을 다독여 주지만
진정 이빨 사이 깊이 낀 사랑은
나는 한참 뒤에야 지운다
눈가에 번진 노을도 지운다

석쇠 위 은빛 전어 파닥이던 지느러미
끝끝내 뱉지 못한 한마디 말로

까맣게 타오르고 있다

●●●

잔가시처럼 목에 걸리는 이별에 죽어서도 다 감지 못하는 저 푸른 눈! 장작불에 몸을 맡기면서도 마지막 남기고 싶은 말씀은 또 무엇일까. 그는 수평선을 휘어잡던 한 생을 잇몸에 끼워두고 번지는 노을처럼 울음을 삼키고 누웠다. 나의 사랑만큼이나 석쇠 위에서 지느러미로 파닥거리는 한 마리의 전어. 까맣게 타면서도 끝내 뱉지 못한 그대에게로의 연정은 아직 다물지 못한 입처럼 뜨겁다.

시간을 택배 받다

●이호원

나는 매일 그리니치 천문대에서
시간을 택배 받아 오다가
어느 날 가슴 통증이 심해
시계 속으로 들어가 살고 있다
걸음이 필요한 곳도, 초대장도 없이
시계 속에 모든 것을 저당해두고
잠자고 밥 먹고
시계가 정하는 대로 손발을 놀리고
숨 쉬며 살고 있다
한때 시계 밖으로 나가
녹음 우거진 숲도 보고
저녁나절 붐비는 저잣거리도 보고 싶었지만
시계는 귀찮은지 손짓마저 거부하고 있어
마음을 돌려먹었다
울 밖에서는 잘게 쓴 걸음으로 요리도 하지만
지금은 통 크게 내 전부를 시계에 맡겨 두고 산다
요즘 편하다

지금 나는 요양병원에 있다

●●●

영국 그리니치 천문대를 0으로 해서 대상이 자오선을 지나는 지점이 현재의 시각이다. 정오는 내 머리꼭대기에 태양이 지나갈 때를 의미한다. 시각의 양적인 간격이 시간이라면 그 자연과학을 임의의 약속으로 형상화한 것이 시계이다. 시간의 계기이다. 우주의 시간을 감성적 시간으로 치환하여 삶을 변주한 이 시는 화자의 일상을 암시하고 있다. 시간을 접고 시계의 틀에 스스로를 잠시 견디는 이 시는 제한된 환경에서 벗어나고 싶은 이들에게 공명으로 다가온다. 시공을 넘어서 쉼표 같은 공간 속에서 삶을 머물게 하여 내재된 나를 관조하고 있는 언술이 저 존재의 가지 끝에 머물게 한다. 그동안 우린 시계의 초침에 너무 매달려 살지는 않았는지 생각하게 한다.

피뢰침

● 함기석

번개여,
컴컴한 공중의 숲에 푸른 늑대처럼 숨어서
눈을 도사리는 번개여,
오라!
내 기꺼이
심장으로 너를 받으리니
입으로 눈으로 온몸으로 너를 삼키리니
번개여,
굶주린 검은 털투성이 번개여,
어서 오라!
폭풍우 치는 오늘밤
천상의 숲에서 이 불타는 지옥 도시로
달려와
내게 보여 다오
네 야만의 흰 이빨과 발톱을
광기의 눈동자에 괸 차디찬 어둠과 우주를

∴

폭풍우의 암흑에서 번쩍대는 벼락과 우레는 공포의 대상이다. 창문이 흔들리고 귀성 같은 바람 소리마저 파고들 때 심약해지는 것은 원시부터 유전되어 온 본성이다. 온유에 길들여져 있는 일상이 재앙에 마구 박살나는 염려는 당연한 인간적인 한계다. 시인은 자연계에서 가장 강력한 에너지인 번개를 감당하는 피뢰침을 발견하고 사유를 달았다. 광란을 받아들이고 휘몰아치며 그와 뒹굴고 싶다. 시퍼런 광기의 한바탕 소란으로 부대끼고 싶다. 그것이 사랑이든, 또 어떤 엄청난 것이든.

비밀이다

● 김혜숙

오래도록 가부좌하던 난분(蘭盆)
우러러보던 근심 한 줄기가
입술을 연다
필시, 내게 할 말이 있을 터,
곡진한 기다림에게
낮고 여리게 말하고 싶은 거
작은 종소리 울린 것 같아라
실눈 뜨는 눈언저리
촉촉한 슬픔 끼 알아채는
애간장 저리는 가만한 때
홀로 한 겹 유한(有限)을 여는구나
깊은 비밀이 생기는구나
너무 고운 비밀은 아픔이구나
애잔한 사랑은 더디게 더디게 오느니
밤 깊자
귀뚜리 한 마리 또르르 굴러와
별빛 몇 데리고 들어선다

●●●

깊은 관조다. 사물의 내밀한 생성을 읽어내고 시적 감성을 이입하여 나의 내면을 동화시켰다. 떨기의 난의 이력과 무언의 교감을 나누며 파장을 일으키는 저 곡진한 슬픔의 진원지는 무엇일까. 존재의 저 가지 끝에 생존의 고통을 나직이 내뱉는 쉼표 정도일까. 한 오라기 말씀을 끝내 견디지 못하고 슬픈 눈빛으로 젖어 오는 한 촉의 이파리에 공명을 읽어내는 화자의 시선은 어디에 맞추었을까. 그 또한 비밀인 듯, 균열의 틈새에 스며드는 근심도 우주의 섭리에 기인한다. 비밀은 감추는 것이 아니라 드러내지 않고 견디는 것이다. 압정에 꽂히는 통증도 감당하는 것이다. 저 깜깜한 원시의 어둠처럼.

수박

● 윤문자

나는 성질이
둥글둥글하다는 소리를 자주 듣는다
허리가 없는 나는 그래도
줄무늬 비단 옷만 골라 입는다
마음속은 언제나 뜨겁고
붉은 속살은 달콤하지만
책임져 주지 않는 사람에게는
절대로 배꼽을 보여주지 않는다
목말라 하는 사람을 보면
가슴이 아파 견딜 수가 없다
겉모양하고는 다르게
관능적이다
나를 알아주는 사람을 만나면
오장육부를 다 빼 주고도
살 속에 뼛속에 묻어 두었던
보석까지 내놓는다

•••

사랑도 뜨거워지려면 햇볕을 자주 쬐어야 한다. 나는 그것을 자연에서 배웠다. 극한 환경을 주고 그것을 견딜 수 있는 조건을 주는 조물주의 지혜가 더 빛나는 계절이다. 수박은 연산군 때 재배한 기록이 있는 것을 보면 순수 토종은 아니지만 오래 민중과 친숙한 과일이다. 목마른 자들의 구원 식품이다. 사물을 의인화하여 청량하게 다가와 사랑이 고픈 자들에게 해갈을 주는 한 편의 시, 수박 같은 그런 여자를 붉게 만나고 싶다.

낙과

● 김왕노

한때 떫었다는 것은
네게도 엄연히 꽃 시절이 있었다는 것
네가 환희로 꽃 필 때 꽃 피지 못한 것이
어디나 있어 너는 영광스러웠던 것
너를 익히려 속까지 들이차는 햇살에
한때 고통으로 전율했다는 것
익지 않고 떨어진 낙과를 본다
숱한 네 꿈을 꼭지째 뚝 따버린 것이
미친 돌개바람 탓이기도 하지만
꼭지가 견디지 못하도록
스스로 가진 과욕의 무게 때문
한때 나도 너와 같은 푸른 낙과였다

••••

떨어진 과육을 본다. 함부로 몸집을 키우다 튼실하지 못한 꼭지 탓인지 가지를 무수히 흔드는 돌개바람 탓인지…… 더 이상 익어가지 못하고 추락해 있는 모습이 우리의 한때를 닮았다. 내려다본 땅과 엎드려서 보는 하늘, 꽃으로 피어 꿈을 영글게 했던 찬란한 한 시절과 과욕으로 인해 추락해버린 사태를 안타까워하는 한 편의 시가 이 시대의 교훈처럼 읽힌다. 어디 흔들리지 않고 피는 꽃이나 바람 닿지 않고 견디는 가지가 있겠는가. 낮은음자리표 같은 울음이 절룩거리며 찾아온다. 새삼 뒤꼭지를 만지며 세상의 벽을 다시 더듬어볼 일이다.

억새
● 이희숙

저녁이 깔린 들녘에 하이얀 붓은
가장 먼저 바람을 그리러 섰다

갈바람에 흔들리는 그리움 주체 못하고
소리 죽이며 어둠을 덮치고 누었다

가녀린 이부자리 이리저리 나부끼다
이제 막 멈춰 섰거늘

스쳐간 흔적도 없이 요염한 저 몸매
밤은 스러졌고 바람은 새하얗게 질렸다

● ● ●

들녘에 흔들리는 갈대를 본다. 갈대꽃이 붓처럼 저 허공에 그리움을 그리고 지우기를 반복하는 동안 주변은 어둠이 깔린다. 수신처가 없는 저 먼 언약의 말씀들이 바람처럼 스러지고 먼 은하에서 달려온 별들이 눈을 뜨며 바람도 지쳐 드러눕는 시간, 그래도 끊이지 않는 상념은 부피로 쌓인다. 시인은 갈대가 바람에 흔들리는 수채화 같은 풍경 속에서 감성을 인화하며 먼 향수에 젖었나 보다. 누구도 가슴속에 지우고 새기는 이름 하나쯤 간직할 수도 있지 않을까. 그 이름을 헤아리며 스쳐간 것들을 보듬는 동안 지독한 아픔이 번진다.

혀끝에서 맴도는 이름

● 진효정

어떤 이름은 혀끝으로 기억하네
혀끝으로 핥아야 떠오르는 이름이 있다네
쓰윽 핥는 순간 새파랗게 날 선 이름이
혀를 피로 물들이는 이름이 있다네
토막토막 끊어진 혀가
목구멍을 커억 틀어막는
그런 이름이 있다네
삼킬 수도 뱉을 수도 없는 혀가
생을 온통 들었다 놓았다 하네
반쯤 삼켜진 혀가
반쯤 삭아서 흐물거리는 혀가
그렁그렁 눈으로 쏟아져 나오는,
혀끝으로 보아야 보이는 이름이 있다네
잘린 혀끝이 낭떠러지가 되어버리는
가파른 이름이 있다네

●●●

살다 보면 가슴에 묻어둔 이름들이 있을 수 있고 혀끝에서 맴돌면서도 차마 뱉지 못하는 이름도 있다. 떠올리기도 싫은 사악한 이름도 있다. 혀는 언어를 구사하는 도구일 뿐 의사를 생산하는 것은 아니다. 한 생을 온통 들쑤셔 놓은 그 질곡의 사연은 뭔지 모르지만 누구나 몸서리치게 하는 그 이름을 하나씩 모두 삼키고 있을 수도 있다. 인내의 잠금장치에 머무는 저 이름, 저 깊은 곳의 가시처럼 언제나 통증으로 견디고 있는 저 이름.

바닥

●곽향련

바닥을 들켰다.
피곤한 다리를 무심코 쭉 뻗었다가
발바닥을 바라보는 눈을 발견하고
흠칫 숨겼다.
감춰야 할 것이 발 모양이었는지
바닥이었는지
스스로도 알 수 없지만
바닥은 숨기는 것인가 보았다.
언론 속의 카메라는 바닥에다 초점을 비추는데
너도 나도 아니라고 숨기는 걸 보면
분명 바닥은 들키는 것이 수치스러운 것이다.
바닥에는 비밀스러운 무엇이 그리 많을까?

· · ·

바닥은 더 낮아질 수 없는 것들이 모여서 형태를 갖춘다. 그것을 파헤치면 퇴적층의 화석처럼 역사의 증좌가 제멋대로 유추될 수도 있다. 죽은 사실에 새 피를 흘리지 않기 위해서나 온전한 것들이 더욱 곧게 있기 위해서는 바닥은 늘 단단하게 견뎌 주어야 한다. 간직하고 싶은 것이나 감추어야 할 것들이 견고히 층을 이룰 때 비밀은 성스럽고 신비하다. 들킨다는 것은 어디가 헐거워졌다는 거다. 속살을 보이는 것은 아무래도 부끄러운 일이다. 단단한 나의 발바닥을 다시 쳐다본다. 감사하다.

제3부

손바닥 안의 팔만대장경

탱자나무 울타리
●박종현

넘을 수 없는 벽이라며 우리가
돌아설 때
새들은 견고한 벽에 몸을 던지며 둥지를 튼다
우리들 볼 붉은 과즙의 안락을 위해 총총히 심은
탱자나무
은밀히 심은 자를 향해 가시를 키우고 있다
밤마다 제 이름 부르며 우는 새에겐
아픈 가시도 둥지가 되고
갈기 세운 바람도 노래가 되는
탱자나무 울타리
저편 이쪽이 서로 넘나들지 못하는 하늘 밑에선
짙은 절망으로 푸를 뿐이다
온종일 자유를 풀어 놓은 새떼들
텅 빈 마음 스스로 울타리에 안기는 저녁
가시벽도 포근한 둥지가 되는
저, 화엄을 보라.

•••

가시의 상처에도 온유의 둥지를 허락하는 모성이 눈부시다. 한 생각 제키면 그것도 사람 사는 일이다. 은혜로운 자에게 가시가 된 적은 없는지 자문하게 한다. 그 가시를 형상화시킨 이미지가 오래 머리에 남는다. 화엄과 불이(不二)를 새기게 한다. 시는 이렇게 쓰는 것이다.

백목련
● 백우선

나뭇가지가 알을 낳았다
수백의 알이다
알을 가지 끝끝마다 자랑스레
들어 올리고 있다
햇살은 알에서 토도로록 튀어 오른다
사람의 눈길도 모여들어
알을 어루만진다
바람은 그 비단결로 휘감아 흐르고
어느 하나 품어주지 않는 게 없다
한눈판 사이엔 듯
일제히 부화해 재재거리는
하얀 새 떼
오는 봄 다 불러 모아
일일이 머리에
깃털을 달아주고 있다
나무도 벌써
몇 번을 날아올랐으리라

어디다 저 순백의 아름다움을 숨겨 놓았을까. 거친 껍질을 깨고 가지 끝마다 알을 매달아 부화하는 목련의 자지러지는 소리들로 봄이 시끄럽다. 주둥이를 내밀고 툭툭 허공을 쪼아대며 새 세상을 살피는 저 모습이 탄생의 비밀이다. 시인은 목련이 피는 과정을 새 떼들이 부화하여 흰 주둥이로 재잘거리는 것으로 바꾸어 바라보았다. 감수성과 상상력이 잘 조화되어 우리를 가볍게 딛고 다니게 한다. 시는 결국 관조와 언어의 유희다.

난꽃
● 정삼희

다섯 손가락 난 향 피워 물고 백옥 속살 열었다

너무 깜깜해 마음 열지 못하고 머뭇거리다

우주를 안은 꽃망울 허리가 휘어진다

●●●

우주의 질서는 자기 방법대로 생명 하나를 질러 놓았다. 무명에서 갓 눈을 떴지만 아직 온전한 자기 색을 정하지 못했다. 이제부터 삶의 명제는 순전히 그의 몫이다. 새로운 시작은 원인으로부터 출발한다. 과거는 현재의 연장선상에 있다. 모두가 과정일 뿐이다. 경계에서 일탈을 제시하고 반사적으로 희망을 걸쳐둔 시적 기법이 수가 높다. 시작은 이처럼 늘 겸손할 뿐이다.

달걀
●고영

조금 더 착한 새가 되기 위해서 스스로 창을 닫았다.
어둠을 뒤집어쓴 채 생애라는 낯선 말을 되새김질하며 살았다.
생각을 하면 할수록 집은 조금씩 좁아졌다.

강해지기 위해 뭉쳐져야 했다.
물속에 가라앉은 태양이 다시 떠오를 때까지 있는 힘껏 외로움을 참아야 했다.
간혹 누군가 창을 두드릴 때마다 등이 가려웠지만.

房門을 연다고 다 訪問이 되는 것은 아니었다.
위로가 되지 못하는 머리가 아팠다.

똑바로 누워 다리를 뻗었다.
사방이 열려 있었으나 나갈 마음은 없었다. 조금 더 착한 새가 되기 위해서
 나는 아직 더 잠겨 있어야 했다.

●●●

날개를 접고 나를 가둔다. 어둠을 꼬아서 저 태양을 다시 건져 올릴 때까지도 번민은 위로의 껍질을 깨지 못한다. 춘분 지나 봄이 왔다지만 꽃이 다 핀 것은 아니다. 앙금의 시간을 뒤집어쓴 이불 속 자학의 형극, 날갯죽지가 가렵지만 환경과 선택은 나의 몫만은 아니다. 줄탁(啐啄)이란 그런 것이다. 줄탁(啐啄)의 시 읽기가 행복할 수 있는 이유다.

혓바늘
● 하재청

밥이 늘 걸어 걸어갔던 길
혓바닥에 바늘이 돋는다
늘 입안을 돋우는 것들
먹을 때마다 온몸으로 번지는 아픔
이제 먹는 것이 근심이 되는구나
한 번도 의심하지 않았던 길
늘 다니던 길이 패여 웅덩이가 되면
가던 길 안에서 안락했던 삶
그 중심이 흔들리고
잠시 뒤틀린 신발 속에서
또 한 번 뒤뚱거려야 하나
식도락 같은 삶에 때로는 가시가 돋고
그럴 때 우리는 잠시 길을 멈추고
신발을 털어야 하는가 보다

●●●

익숙한 일상에 무방비한 일들로 고통을 당할 때 비로소 깨달을 때가 있다. 한 번도 염려하지 않았던 일들로 낭패를 당할 때, 비로소 평이함이 소중함을 알게 된다. 안락했던 삶의 중심을 흔들리게 하는 것들, 사소하게 신발 안에 끼어든 돌 부스러기처럼 예기치 않는 일들이 우리를 불편하게 하는 경우 쉼표 같은 시간을 두고 가시를 뽑고 되돌아볼 일이다. 가끔씩 털어버리고 근사한 정상을 찾을 일이다.

침묵하는 바다

●윤홍렬

그토록 쉽게 물살에 갈라진다는 것은
어느샌가 새살이 돋아 잔잔한 옛날로 스며들어 갈 것을 알기 때문이다

발버둥 치며 감고 휘도는 스크루가 내는 상처도
큰 손길 하나로 그렇게 잠들 것이다

상처 부스러기는 물보라에 쏠려
또 다른 상처 부스러기와 켜켜이 쌓여 기암이 되는 것이다

어느샌가 드러나지 않는 아픈 기억을 안고
해무에 덮인 신비로운 아름다움이 되는 것이다

어느샌가 끝없이 반복되는 상처를 안고 침잠하며
생명을 잉태하는 모성의 인고가 되는 것이다

밤마다 치유되는 프로메테우스의 고통을 안고 있는 바다는
차라리, 소리 없이 비명을 지르는 아름다운 아픔의 향연이다

● ● ●

바다가 제 몸을 함부로 열어주는 것은 상처를 다독여 덮어줄 수 있는 능력이 있기 때문이다. 생각이 깊은 자들의 큰 마음이 비명을 보듬어주는 것은, 난자하는 그의 분노도 시간의 은혜가 침잠시킬 수 있는 것을 알기 때문이다. 바다나 세상살이나 아름다움이 빛나는 것만은 아니다. 묵묵히 견뎌주는 저 침묵의 힘이 진정한 위로가 된다.

정한수

● 조현길

뒤란 해 그림자 댕기 땋아
시렁에 얹어두고
감낭개 달 걸리는 날
손 비비며 간짓대로
달을 따시는 어머니
동구 밖 개는 컹컹 짖고

부엉이 울음
댓바람 마실 가고
탱자나무 울타리에
보름달 노루잠 자던 날
장독대에 어머니
한 움큼 별만 씻고 계시네

●●●

탱자나무에 보름달 걸어두고 별을 만지는 손에 치성이 거룩하다. 생을 재봉하다 달빛을 삭혀, 한 사발의 정한수에 빌어야 할 것이 많으신 어머니! 그 영원한 화두.

몽돌

● 이미화

신수도 앞바다에 몽돌이 널려 있다
파도가 칠 때마다
조금씩 조금씩 바다 밖으로 밀려 나온다

저 몽돌들, 바다의 심장 같다
바다에도 심장이 있는 것 같다

검다
밀려나온 돌들은
검다

바다가 다가올 때마다 차르르 차르르 아픈 소리를 낸다

나, 저 몽돌처럼 내 심장 꺼내놓고 살았다
새까맣게 속이 타서 살았다

내 몸속에 있지 못하고 빠져나온 심장은
오늘도 박동 대신 차르르 차르르 파도 소리를 낸다

●●●

검은 몽돌 밭에서는 파도 소리도 검다. 세상의 온갖 것 다 삭이고 살아야 하는 바다인들 속이 타지 않았겠나. 모서리를 바다에 맡기고 둥글게 우는 신수도의 앞바다, 타는 심장이 뱉은 저 검은 소리들이 인고의 주름을 접고 펴면서 파도로 운다. 나를 견디었던 심장들이 몸 밖으로 빠져나와 세상의 바다에 구르고 있다.

칼

● 윤정란

네 심장을 찌를까
달빛 먹여 가를까

허울 좋은 이름이며
곧은 목을 꺾을까

하늘 끝 푸르른 살기
대책 없이 눈 뜬다

●●●

허공에 선을 그어 볼까. 그 틈새로 푸른 세상이 돋아날까. 날의 날 카로움으로 생의 각질과 껍데기를 다 벗기면 기개는 어떤 형상으로 있을까. 안위의 일상을 옹위하는 껍데기 속의 나는 어떤 담대함으로 있을까. 정해진 대상도 없이 추려내려는 손이 떨린다.

압화(壓花)

● 마경덕

매몰된 가을이 발견되었다

책을 끼고 그곳을 지나갔을 때
유난히 뺨이 붉은 꽃이 틈으로 뛰어들고
45쪽과 46쪽은 닫혔다

붉은 물을 토하며
서서히 종이처럼 얇아지는 동안
책은 책 밑에서 피를 말리고

계절이 계절을 덮치듯이
시간의 두께와 어둠에 기억은 갇혀 있었다

방치된 것들은 대부분 변형을 일으킨다

책갈피 사이
책의 생각과 엉겨 있는 꽃의 얼굴

꽃들이 선호하는 죽음은 태어난 자리에서 치르는 풍장이다

압사(壓死)를 두려워하는 꽃들

한 권의 책으로도
죽일 수 있는 게 많다

● ● ●

책갈피에 끼어두었던 꽃 한 송이를 새삼 발견했나 보다. 너무 고와서 오래 간직하고픈 마음에 곱게 끼워두었다가 그리고 차마 기억에 담아두지 못했나 보다. 시간에 갇히고 무게에 눌려져 방치되다가 변형을 일으키고 압사하신 생. 꽃들도 자기 자리에서 아름답게 피다가 바람에 날리며 일생을 마감하는 온유한 삶을 선택하고 싶었을 게다. 스스로 수리하지 못한 주검, 과정의 생이 건조하다. 대형 압사사건에 세상이 시끄럽다. 상식을 벗어난 현실이 모두에게 의아한 눈물을 요구한다. 사람과 사람 틈에서 숨 막히고 짓눌려서 벅찬 압박감을 이기지 못하고 숨진 그대들의 마지막 모습이 세상의 갈피에 갇힌다. 변형이 생기고 얇아져서 이제 기억으로만 존재해야 하지만 마지막 보았던 저 하늘이나 마지막 불렸던 이름이나 모두가 시간의 갈피 속에 채우고 또 기억은 괄호를 열고 닫게 될 것이다. 참 아프고 억울하신 일이다.

진땀

● 오하룡

어둡고 삭막한 길을 걸어왔다
딴 길을 걷고도 아는 길을 걸은 척했다
멀리 두르고 둘렀는데도
지름길로 온 척했다
손해를 보고도 오히려 이득을 본 척했다
마음에 없으면서 있는 척 다소곳이
예라고 대답한 적 있다 아니 많다
그 말로 내가 아닌 내가 되게 했다
지금도 내가 아닌 나를
나라고 생각하면 진땀이 난다

•••

감정을 가두는 벽이 견디다 무너져 칼날이 될 때도 있다. 그래서 인격이라는 이름으로 감당하는 일들에 온몸에 진저리가 쳐져도 굴레에 나를 가두어야 할 때도 많다. 몸 안에서 들끓는 열기가 기어코 통제를 벗어나 피 흘리며 잠 못 이룬 적도 많다. 그리고 저 어둔 천장을 향해 마구 핑계를 뱉을 때도 있었다. 그럴 때마다 온몸에 진땀이 난다. 팽팽한 긴장과 마찰이 온통 뜨거울 때 더 그렇다. 나와 너의 경계에서 진땀을 견디고 산다. 참 모두들 오래 견디었다.

늙은 고래의 노래

● 김남호

그 작살을 한 번만 꽂아 다오
골목을 가득 채우던 내 푸른 몸뚱어리
내 창 밑에 다가가 꽝, 꽝, 꽝,
열두 번째 지느러미로 두드리면
벌렁거리는 심장으로
나를 향해 꼬느던 너의 작살
다시 한 번만 나에게 꽂아 다오
죽을힘을 다해 죽을 듯이
그때처럼 내 심장에 꽂아다오
그러면 나는 마지막으로 솟구쳐 올라
지금껏 헤엄쳐 온 내 모든 골목들 뒤져
스무 살 적 그 이빨을 보여주며
핏빛 물보라 사이로 노을처럼 무너지며
살짝, 네게만 보여주마!

● ● ●

작살을 맞은 고래의 몸부림은 온 바다를 난장판으로 만들 것이다. 몸을 관통한 통증 속에서 거친 숨을 몰아쉬며 세상을 헤집었을 것이다. 한 생명이 기진하는 그 처절한 사랑의 작살에 다시 한 번 꽂히고 유년의 한때를 달구었던 지독한 열정에 버둥대고 싶은 것이다. 온 골목을 난리통을 만들고 아직 끝나지 않은 꿈을 다시 펴 보이고 싶은 것이다. 심장에 작살을 꽂듯 마지막 숨으로 아늑한 그대에게 파닥대고 싶은 것이다.

나팔꽃 씨

● 정병근

녹슨 쇠울타리에
말라 죽은 나팔꽃 줄기는
죽는 순간까지 필사적으로 기어간
나팔꽃의 길이다
줄기에 조롱조롱 달린 씨방을 손톱으로 누르자
깍지를 탈탈 털고
네 알씩 여섯 알씩 까만 씨들이 튀어나온다
손바닥 안의 팔만대장경,
무광택의 암흑 물질이
손금을 빨아들이고 있다
마음에 새기는 것은 얼마나 힘겨운 일이냐
살아서 기어오르라는,
단 하나의 말씀으로 빽빽한
환약 같은 나팔꽃 씨
입속에 털어 넣고 물을 마셨다
오늘 밤, 온몸에 나팔꽃 문신이 번져
나는 한 철 환할 것이다

●●●

길은 스스로 만들고 가는 곳이 길이 되었다. 생존은 억척스러웠으며 가팔라서 늘 숨은 가빴다. 더 높은 곳을 향하는 매듭의 중간마다 함성의 나팔은 존재를 알렸고, 그 생의 기록은 유전인자로 남아서 부활을 예비한다. 입춘이다. 씨앗들의 눈이 밝아 온다. 봄이 제대로 시끄러울 것 같다.

길 1
●제민숙

가다가 돌아보면 터널처럼 지나온 길
좋은 날 궂은 날이 앞서거니 뒤서거니

맨발로
줄지어 서서
차례를 기다린다.

물기 젖어 허물어진 생의 가장자리에
조심스레 풀어놓은 부르튼 시간 위로

하얗게
놓친 꿈들이
대기표를 쥐고 섰다.

● ● ●

길은 선택이었다. 허공의 새처럼 가는 곳이 길이 되기도 하였고 산양처럼 벼랑 끝에서의 걸음도 스스로의 판단이었다. 매복한 허방에 신은 늘 은총을 망설였으며 우리의 사다리는 위태하였다. 경험은 지혜로 진화되었고 부피로 쌓은 생의 체적에 안도는 감사를 대신한 언어였다. 또 어떤 차례가 나의 발바닥을 기다릴 것인가. 바람보다 가벼운 지난 꿈들을 되새겨본다.

해무
● 원담

흰 소창
찢어지는 소리 위에
바다엔 바다가 없다

등대!
저 혼자
굳어가는 바다를 위해 운다

●●●

길은 선택이었다. 허공의 새처럼 가는 곳이 길이 되기도 하였고 산양처럼 벼랑 끝에서의 걸음도 스스로의 판단이었다. 매복한 허방에 신은 늘 은총을 망설였으며 우리의 사다리는 위태하였다. 경험은 지혜로 진화되었고 부피로 쌓은 생의 체적에 안도는 감사를 대신한 언어였다. 또 어떤 차례가 나의 발바닥을 기다릴 것인가. 바람보다 가벼운 지난 꿈들을 되새겨본다.

해무
● 원담

흰 소창
찢어지는 소리 위에
바다엔 바다가 없다

등대!
저 혼자
굳어가는 바다를 위해 운다

• • •

자기 위치를 알려줌으로서 대상에게 지정학적 위치를 알게 해주는 것이 등대이다. 번쩍이는 섬광등이나 한 줄로 비추는 부동등이나 모두가 안전과 정상을 위한 수단들이다. 지독한 해무가 눈을 가리고 흰 이불 홑청 찢어지는 소리 같은 위해들이 난무하는 저 두려움만 채워져 있는 세상의 바다. 헤집어도 비집어도 보이지 않는 상대에게 받는 상처의 아픔은 더 커가지만 가르쳐도 알지 못하는 아둔함이 저 바다 안개처럼 깊다. 안개 낀 바다는 늘 조용하다. 허방이 있는 길목은 더 평화로워 보인다. 등대의 고민이 깊다.

고목(枯木)

● 우홍순

섣달그믐 저녁참은 그림자도 바쁜 걸음
열두 폭 쌓인 때를 못 씻고 해맞인데
당신은 아주 빈손으로
뜰을 쓰는 노승(老僧)이다.

참새 떼 한 무리가 쫓기듯 앉았다 가고
무게 실린 큰 바람에 흔들리는 일 있어도
당신은 뿌리에 중심 놓고
우는 일은 없었다.

칼바람에 얼어버린 빙벽 같은 밤이 오고
시궁창 구르다가 설 자릴 못 찾는데
당신의 곧고 넓은 예지가
이 가슴의 별이 된다.

● ● ●

그믐밤이 은밀히 나이테 하나를 새기고 있다. 수도승은 늘 경건하다. 차마 자성의 얼룩을 다 벗기지 못한다. 바람의 간청에 잠깐 흔들려 주었을 뿐이고 참새의 시린 어깨를 쉬게 했을 뿐이다. 허공을 채운 삶이 연륜만큼 거룩하다.

아이와 남편과 나
● 정진남

아이가 손톱으로 아빠의 얼굴을 할퀴었다

손톱을 깎아주었다

생각보다 빨리 자라는 손톱이

또 할퀴었다

함께 산다는 건

느닷없이 입은 상처를

무작정 서로 바라보며

견디는 것이다

● ● ●

의식이든 무의식이든 누구에게 상처를 주는 것은 삼가야 할 일이다. 의도와는 다르게 슬픔을 주는 것도 간과할 수 없는 경계의 대상이다. 개체와 개체가 만나서 우리로 살아가는 과정에서 얻은 상처도 쓰리다. 다만 상황적 명제가 서로 기댄 볏단처럼 한계치까지 견디게 해주는 것이 포용이고 인내다. 세상살이 어느 모서리에서도 살은 베일 수 있다. 그러나 통증은 즐겨야 할 대상이 아니다. 짧은 언어의 구성에서도 광의적 의미가 깊은 시 한 편을 만난다.

결

● 주강홍

나무도 물결이 있었구나
썰리고 밀려온 심장의 박동을 삼키고 있었구나
저 해안선의 모래들처럼 함부로 온몸을 맡기고
밤새 달빛에 출렁인 적도 있었구나
나직이 부르는 너의 이름에 수줍은 귀를 움츠리며
천상의 밧줄을 당겼겠구나
아 여기쯤
밤새 격랑의 저 검은 불안들이 벽으로 몰아쳐
빗장을 걸고 지키던 상처의 흔적이구나
대패질에 몸을 맡긴 나무야
묘비명 같은 옹이 자국으로 동그랗게 쳐다보는 나무야
나도 너와 다르지 않아서
지금도 물결로 일렁이고 있단다
방파제를 넘은 해일처럼 난파선으로 쏠리기도 하고
등대 같은 희미한 불빛으로
노동의 힘든 노를 젓기도 한단다
옹이투성이의 가슴이 너를 닮았구나
우리가 등을 맞대고 멀어지고 가까워지는 동안

결 하나씩을 인쇄하고 있었구나
세상의 결들이 속으로 새겨지고 있었구나

●●●

벌써 입춘이 지난다. 뿌리들도 봄의 기척을 알고 물을 끌어올릴 준비를 하고 먼 산의 눈들도 녹아서 냇가를 적실 태세다. 겨우내 얼어붙었던 것들이 이쯤 해서 다시 생장의 시작을 해야 할 줄 아는 것은 반복된 학습 속의 자연의 섭리다. 거부할 수 없는 명제다. 세상일을 다 선택할 수 있는 건 아니다. 그리고 그러므로 그리하여 그러느니 견디는 것이 사람살이다. 나목 또한 지닌 결을 뒤로하고 또 처절한 결을 새기기까지 희망과 비애를 겹치며 또 얼마나 환희와 비통을 나누어야 할까. 이 엄중한 때, 세상 모든 분들의 단단한 생존에 힘을 보탠다.

마지막 고스톱
● 이영식

청홍단 꽃 시절 다 지나가고
어머니 깡마른 손등의 핏줄
저승 문턱에 닿은 듯 가늘고 희미하다
이번 생에 받았던 패는 별게 아니었는지
쥐었던 화투장 줄줄 흘리면서
흑싸리에 홍싸리를 붙여 먹어간다
어머니 손에 든 놈 넘겨다보고
짝 맞춰 내 패를 슬쩍 던져놓으니
옳지, 오늘 참 잘 맞는구나
텅 빈 잇몸 드러내 웃으며 고고―

치매예방에 좋다지요
의사도 눈감아 준 병상에서의 고스톱
비풍초똥팔삼…… 던지고 뒤집히고
파도처럼 굽이치던 한 생애가
낙장불입 단풍처럼 시들었다
그날 고고하던 고스톱을 끝으로
어머니는 먼 길 떠나가셨다

유골함 곁에 고이 모신 화투 한 모
48장 굽이굽이 한 여자의 길이
손때 묻은 그림책으로 쌓여 있다

● ● ●

화투는 요행과 기술과 욕심의 결과가 바로 나타나는 놀이다. 그리고 정이 엉키고 풀어내는 놀이이자 문화다. 누구의 생각을 염탐하고 결과를 예측하는 일들이 의지대로 되는 것도 아니고 포기할 일도 아니다. 손바닥에 감춘 패처럼 어쩌면 우리 한 생이 화투 한 판인지 모르겠다.

제4부
나는 누구의 빈칸일까

여자의 온도

● 문숙

거북이 알은 25.7도 이하면 수컷이 되고
그 이상이면 암컷이 된다고 한다
생명을 품어야 하는 것들은 따뜻함이 바탕이라서
남녀 온도 차가 존재하는 이유일 것이다
제 새끼를 버렸다거나 학대했다는 뉴스가 이어진다
처음부터 어미 되기를 내던지는 경우도 늘고 있다
새끼 때문에 어둠을 견딘다는 여자도 드물어졌다
지금 여자의 온도가 빠르게 식어가는 중이다
세상 남자들은 페미를 향해 뿔만 세울 때가 아니다
무조건 여자를 따뜻이 보듬어줘야 한다
인류의 멸망이 여자 온도에 달렸기 때문이다

● ● ●

젠더, 페미, 가스라이팅…… 낯선 언어들이 뉴스에 자주 등장한다. 정제되지 못한 행위들로 낭패를 당한 것과 국민적인 분노 속에서 피폐한 길로 접어드는 인사들의 뒷모습이 참담한 경우도 허다하다. 절제하지 못한 귀책이기도 하고 경우에는 인간적인 이해 속에서 약간의 동정을 받기도 하지만 참혹하기는 매한가지다. 치마를 거부한 여성의 사회 참여가 높아지고 성(性)으로부터의 제한에 벗어난 사회 환경이 기존의 사유를 흔들면서, 인습의 변화가 크게 도드라지는 것도 현실이다. 상대적으로 남성들의 사고가 능동에서 수동으로 바뀌고 아예 체념으로 이어져 한탄에까지 이른다. 친밀도의 표현이 상대방의 주장에 따라 온도 차가 다르기에 애매한 유머나 위트는 금기다. 당연히 지난 일들도 소급될 수 있기에 과거사도 조금 불안하다. 법과 윤리와 관습의 사이의 간격이 정리되는 과도기적 시대이다. 광의의 시각으로 큰 그림을 다시 그려야 할 때다. 모성본능이 회귀하고 인류의 존속을 위해 세상이 더 따뜻해졌으면 좋겠다. 오랫동안 누린 자들의 비명이다. 변명이다.

그늘
—Mee Too 그 뒤

● 김연동

언젠가 끄집어낼 주머니 속 송곳이었다
바투 잡은 손끝 위로 촛불 훅 지나간 뒤
흔들린 미궁의 시간 터널 속에 갇혀 있다

은밀히 귀 기울이면 속살까지 간지러운
월하의 그늘 아래 수작 걸던 비린 손들,
흐릿한 달빛에 젖은 바지춤이 타나 보다

마성의 붉은 입술 빨려들까 두려운 길
비치면 소름 돋는 건너야 할 얼굴들로
푸른 숲 무거운 계절 생이 너무 아리다

상대의 수동적인 대처를 일부 긍정으로 오해해서 무리하여 낭패를 당하는 일들이 많아졌다. 윤리의 잣대가 갑자기 선명해지고 방어권이 허물어져 질타를 견디는 일도 많아졌다. 까마득한 기억은 신화가 되질 못하고 변절하여 새 피를 흘리는 경우도 적지 않다. 묵시적인 동의 또는 관념이 침묵을 깨트릴 때 그 모서리와 쪼가리들은 모두 흉기가 되어 위협이 된다. 언제 비수가 될지 모르는 파편들, 호주머니 속 낡은 훈장들, 고백건대 성숙해지는 규범의 바탕에 모두의 생이 아리다. 완성의 조건에 사람 사는 질서가 갑자기 더 어려워졌다.

얼굴

● 이산

숲으로 갔다
완성되지 않은 얼굴에
눈썹을 그려 넣어주었다

기우(杞憂)라는 말은 하지 않겠다

수시로 지워지는 얼굴은
서로
떠올려 주어야 한다

늦은 밤, 문자가 왔다
멀리 와 버린 내 얼굴을 쓰다듬으며 쓴 글씨 같았다
너를 오래오래 지우지 말아야 할 것 같다

깜박했다

● ● ●

기억 속의 사람들 또는 깊이 숨겨둔 사진첩에 흑백의 기억들이 문득 그리울 때가 있다. 시간의 사슬에 꿰였다가 흐트러지는 사연들이 치열하고 간절할 때 더 그렇다. 모자이크처럼 조합되는 아득한 그에게서 한 통의 문자를 받았다면, 그것도 온 가슴을 태운 사연이었다면 그의 밤은 무척 어두웠을 것이다. 해가 져야 별이 뜸을 이제 알겠다. 갑자기 어지러운 것은 순전히 지구의 자전 탓이다.

매미가 울면 나무는 절판된다
●박지웅

붙어서 우는 것이 아니다
단단히 나무의 멱살을 잡고 우는 것이다
숨어서 우는 것이 아니다
반드시 들키려고 우는 것이다

배짱 한번 두둑하다
아예 울음으로 동네 하나 통째 걸어 잠근다
저 생명을 능가할 것은 이 여름에 없다
도무지 없다

붙어서 읽는 것이 아니다

단단히 나무의 멱살을 잡고 읽는 것이다
칠년 만에 받은 목숨
매미는 그 목을 걸고 읽는 것이다

누가 이보다 더 뜨겁게 읽을 수 있으랴
매미가 울면 그 나무는 절판된다

말리지 마라
불씨 하나 나무에 떨어졌다

● ● ●

땅속에서 칠년을 견디며 받은 생명이다. 10여 일 정도의 제한된 생애에 고픈 사랑을 찾는 울음이다. 감당하지 못하는 욕망의 치열한 몸부림이다. 새 생명의 생산을 예비하는 저 처절함은 경건하다. 8월은 이래저래 땀이 많아야 하는 계절이다. 바캉스 베이비가 인구 절벽을 막아주면 좋겠다.

몽환
● 박우담

나비의 길은 곡선이다
신은 인간을 빚을 때 선과 선은 짧게 때론 길게
맥박의 떨림 속에 꿈을 불어넣었다
인간들이 흙으로 돌아올 수 있도록

영혼이 육신으로부터 잠시 자유로워지는 시간
나비가 밤의 악장을 관통하며 비뚤비뚤 날아간다

밤마다 미완성 음계를 맞추다가
거스를 수 없는 시간의 악보

링거에서 이어진 가느다란 튜브 속으로
밤의 거친 숨 몰아쉬며
꿈길에서 영혼의 천사라도 만나면
원래의 템포와 박자로 내려앉는 나비

영혼이 환상과 상상과 떨림으로 빚어지는 꿈길

애처롭게 숨을 내뱉은 나비
박자와 템포를 훌쩍 넘어버린 나비
지문마저도 벗어놓고 떠난 나비
몽환의 시간 속으로 날아간다. 오, 밤의 색채와 리듬.

● ● ●

혼과 백이 나눠지는 순간, 들숨날숨의 주검의 언저리에서 영혼은 한 마리의 나비로 몽환의 길을 더듬고 있다. 미완의 음계 속에서 자유로운 유체이탈, 신은 어둠을 만들었고 지금 그가 저 건너편을 손가락으로 가리키고 있다. 궤도를 정하지 못한 나비가 중력의 틈을 찾고 있다.

나무경전

● 김일태

나무가 수행자처럼 길을 가지 않는 것은
제 스스로가 수많은 길이기 때문이다

나무가 날지 않아도 하늘의 일을 아는 것은
제 안에 날개를 가지고 있기 때문이다

나무가 입을 다물고 있다고 침묵한다 말하지 마라
묵언으로 통하는 나무의 소리가 있다

나무가 아무것도 보지 못한다고 말하지 마라
제 몸으로 모든 것을 기록하는 나무의 문자가 있다

그러한 이유로 나무에게 함부로 말하지 마라
가지지 않았기에 나무는 경계 없이 우거져 산다

●●●

한 그루 나무의 생을 관찰하다 보면 사람 사는 거와 진배없음을 알게 된다. 가르쳐주지 않아도 움을 틔우고 꽃을 피우며 열매를 맺고 모진 풍설을 견디며 살아가는 것이 그러하다. 굳이 말하지 않아도 굳이 설명하지 않아도 상황을 유추하고 헤아릴 수 있는 나이쯤 되면 무언으로도 의사표시를 할 수 있는 경지가 있다. 경계는 함부로 드나드는 곳이 아니다. 다만 그 울타리를 낮추고 살 뿐이다.

막배
● 김경

실안과 늑도 사이
막배 타는 가슴들은 서로 닮아 있다

귀향이 서툰 사람들일수록
말수가 많아지는 법일까
먼 바다가
일기예보보다 먼저 달려와
막배 고물 끝에 출렁인다
풀기 없는 사람들 몇 소주잔을 돌리며
서로의 안부를 묻는다
고동 소리도 없이 출발하는
창선행 금남호
바지락 볼락
노래미로 가득 찼던 고무 다라이는
뻥튀기와 꽈배기와
파리약과
난전의 옷들로 바뀌었다
하루의 새벽을 내려놓은 뒤

저마다의 석양을 다시 인 채
밤의 귀향을 서두르는
잔섬의 사람들

실안과 늑도 사이
막배는 항상 되새김질을 한다.

● ● ●

언제나 맑은 가난에 익숙한 섬사람들이 하루치의 일상과 맞바꾼 생필품들을 옆구리에 끼고 막배를 기다린다. 어린 것들의 눈이 벌써 수확을 살핀다. 파도가 몇 순배의 소주잔을 권하고 석양은 두루 안부를 전한다. 이제 더 머뭇거리지 않아도 된다.

엄마라는 우물

● 윤덕점

며느리가 부엌으로 나가 쌀을 씻네
나는 잠든 손주 곁에 누워 며느리를 보네
손에 물도 안 묻히고 자랐다는 저 아이
여자의 우물에는 얼마나 많은 물이 차 있을까
어미가 된 후
깊은 잠에 빠졌다가도 눈 감고 젖을 물리네
까무룩 잠에 빠져들며
작은 몸을 타고 흐르는 모성의 수액,
어미가 짓는 밥 냄새를 맡네
어미가 지은 밥은 다 맛있다네

●●●

푸른 정맥의 젖통 그 뽀얀 속살과 무의식적으로 빨아대는 아기의 모습은 모성의 압권이다. 육신의 진액이 다 빠져나가는 동안에도 그저 즐겁고 행복할 수 있는 것은 어미이기 때문이다. 그토록 가리고 아꼈던 것은 사랑을 전달하는 소중한 수단을 위해서였을 것이다. 세상의 꼭대기에서 비우면 채워지고 차면 다시 비워지는, 계량할 수도 척도 할 수 없는 정월 보름달이 무량을 설하고 있다. 함께 나눠도 부족함이 없는 그런 세상이면 좋겠다.

역
—달맞이꽃

● 이영자

철없이 어린 것 나그네 길 나서니
그렁그렁 넘치는 이슬 눈동자에 담고서는
기다릴게
너 돌아올 그때까지 여기서—
역까지 따라 나와서
막막한 앞을 밝혀주던 그가

세상 길목 이리저리 헤매다
해질녘에 돌아서는 고향 역 마당가에서
여기야! 여기!
오래되어 낯설까봐 미리 와 기다리는
헤벌쭉 달맞이꽃

●●●

역이 갖는 관념은 어쩐지 만나는 반가움보다 별리의 아쉬움과 애절함이 더 강한 것 같다. 회벽의 시골 역사 안에는 둥그런 시계가 걸려 있고, 옥수수가 키를 키우고 달맞이꽃이 도란도란 앉아 저 건너편 어린 것의 눈물을 훔쳐보고 있다. 간수는 깃발을 내리고 열차는 떠나고, 여기야, 여기! 돌아오는 이들을 기다리고 반기는 달맞이꽃의 마중이 화자(시인)이기도 하다.

줄 이야기
●이우걸

세상은 아무리 봐도 줄잡기 시합 같다
잡은 뒤 헤아려보면 불안하긴 한가지지만
그 줄을 놓치고 나면 다시 잡기 어려워서

사는 동안 우리는 늘 그 교리를 섬겨 왔다
내 힘으로 서 있다고 허공에다 외쳐보지만
오히려 메아리 소리에 으스스 몸을 떨면서

눈만 뜨면 나는 서 있고 앞뒤에 누가 있다
별다른 의지도 없이 그 흐름은 줄이 되고
그 줄이 나를 데리고 어디론가 가고 있다

● ● ●

의도적이든 그렇지 않든 어느 부류에 속해질 때가 있다. 큰 흐름의 행렬 속에 섞여 총총거리며 따라가는 경우도 있지만, 작정을 하고 의식적으로 작용에 기댈 땐 판단이 여간 불안하지 않을 수 있다. 기회와 계기는 선택이지만 종래는 필수로 종속되기 때문이다. 내가 행했던 일들과 행해야 할 일들 속에서 인력의 방정식은 늘 그 셈법이 불안정하다. 그래서 신은 늘 애매한 답을 들고 계신다. 흐르는 물은 가는 곳이 길이 된다. 우린 응집력처럼 묶여가는 것이다.

환경미화원
●이광석

새벽 골목길에 쓰레기가 쓰러져 있다
누구 하나도 거들떠보지 않는 외톨이 미아
지나는 바람들이 슬쩍 발을 건다
두어 바퀴 구르더니 기우뚱 다시 눕는다
얼마나 많은 어둠이 예서 헛발질을
하고 갔을까
새벽보다 먼저 출근한 환경미화원 강씨
제 포대에 쓰레기를 품는다
이 쓰레기들은 어젯밤 가출한
강씨네 식솔들인가
옆에서 지켜보던 전봇대가 잠시
긴 키를 낮춘다 꾸벅 졸던 가로등도
따뜻이 몸을 숙인다
이 엄동설한에도 더운 얘기를 줍는
사람들이 있다

●●●

잠이 덜 깬 새벽이 뿌옇게 가로등을 훔쳐보고 그믐달도 제 집으로 돌아갈 채비를 할 무렵, 실없는 바람이 어둠의 옆구리를 툭 내질러 본다. 나에게서 멀어진 것들, 건사하지 못한 것들이 묶음으로 나뒹굴다 이내 침묵한다. 떠나는 것과 보내는 것 사이의 어정쩡한 존재, 집을 떠난 가족 대신 안고 가는 저 사내의 등을 다독이는 가로등.

묶인 해
●정영도

고추밭 이랑에서 해를 쳐다본다
이놈의 해를 누가 묶어 놨을까

묶인 해
지루한 시간이
아픈 허리를 꺾는다

지열이 떡시루처럼 푹푹 찐다
허리가 끊어질 듯 땅에 눕고 싶다

밭고랑
고통의 노동
흘린 땀에 고추가 익는다

●●●

<밀레의 만종>은 신에 대한 경배이기도 하지만 하루치의 노동에 대한 온전한 감사를 스스로에게 드리는 의식 같기도 하다. 익숙하지 않은 노동을 면피할 수 있는 방법은 저물어야 한다는 것. 오뉴월의 해는 길기만 하고 마땅히 핑계가 없는 들판에 고추보다 더 빨리 익는 육신이 있다. 그러나 지평선은 함부로 해를 끌어내리지 못한다.

티눈

● 박일만

균형을 거부하며 수평을 포기한다
중심을 찾아 헤매던 세포가
내 발바닥에 와서
생을 통째로 뒤뚱거리게 한다
백발이 물드는 나이 탓도 있겠으나
아직 둘러보아야 할 산천이 많은데
느닷없이 찾아와 생을 송두리째 흔들어댄다
가던 길이 자꾸 휘청거릴 때
가랑이 사이로 바람도 많이 드나든다
딛을 때마다 바닥에 온통 통증을 깔면서
서둘지 말라고
아래를 보고 살라고
발걸음을 더디게 하는,
걸음걸음마다 뼛속 깊이 송곳을 박으며
한쪽 발이 수상하다
절대로 떨어지지 않을 나이 어린 애인처럼
기세가 완곡하다
작은 알맹이 하나에도 몸을 절뚝여야 하는

나의 생을 향해 쉬어가라고
자꾸만 오는 길 가는 길을 붙든다

●●●

작은 사건으로부터 세상이 시끄럽고 진위의 궁금증이 모두의 귀를 빌린다. 균형이 흔들리고 절룩일 때마다 틈새는 더 벌어져 소문으로 채운다. 좁쌀 같은 티눈이 체중을 견디지 못하게 하듯 소홀은 평정한 수평을 유지하지 못한다.

목욕탕 2
● 정이향

여자들은 알몸으로 친구가 된다
처음 보면서도 부끄럽지 않는
서로의 등을 내주고 바가지를 빌려주며
스스럼없이 언니가 되고 동생이 되는 곳
따뜻한 탕 속은 안방이 된다
커피를 마시고 드라마 속 주인공의 화제를 빌어
자신의 속내를 흉금 없이 터놓는 그곳
알몸에서 상처가 나온다
어떻게 살았는지 바빠서 가꾸지 못한 뱃살
오래 서 있어 휘어진 허리 굵어진 허벅지
땀이 나지 않아 갈라진 발뒤꿈치
때로는 누드화의 모델이 되어보기도 하다가
온기가 가시면 도로 가면을 쓰고
세상으로 돌아가는 은밀한 목욕탕

●●●

머리에 물기를 매달고 젖은 옷이 원형을 유지하며 붉다한 얼굴로 스치는 여자를 뒤돌아본 적 있다. 뿌연 수증기 속에서 이력과 생산의 기능들을 거침없이 드러낼 수 있는 곳이 목욕탕이다. 비밀은 노출되는 순간 별게 아닌 것이 되지만, 나신으로 속내를 털어놓고 온 순백의 하루는 더 정갈할 것이다.

뒤풀이
● 옥영숙

기억할까 수줍은 술잔을 건네면서
서로에게 넘치거나 꽝꽝 언 마음이나
한때는 눈 안에 들고 싶어 키를 세워 발돋움했던,

믿을 것이 못되는 서너 가지 기억에
취기의 살가움은 오랫동안 생생하고
쌀밥을 꼭꼭 씹으면 좋은 안주가 된다는 것도,

출처가 불분명한 인연에 매달려서
있는 듯 없는 듯 보호색을 띠며 앉았다가
슬며시 눈치 못하게 집으로 돌아왔다

● ● ●

투명한 소주잔에 시선이 부딪힌다. 저울의 눈금이 힐끔 기울기를 가름하며 약간의 속내를 염탐한다. 점점 무릎이 가까워지는 술좌석의 풍경이다. 스며드는 취기는 추억을 조제하고 타래처럼 헝클고 풀어내기도 한다. 인연이라는 저 맨살에 박히는 저 거룩한 언어들이 따갑고 살갑다. 그러나 껍데기와 나, 저 모진 인습의 자전, 붙박이별의 궤도를 요구하고 있다.

넙치의 시(詩)
● 김신용

거대한 바다의 무게에 짓눌려 납작해져 버린,

이제 얕은 물에 담가놓아도 부풀어 오를 줄 모르는 넙치여,

억눌리고 억눌려 목구멍까지 치밀어 오른 내장을

삼키고 삼켜, 그만 뒤통수까지 밀려난 눈으로

넙치여, 가슴에 지워지지 않는 한(恨)의 무늬처럼

심해의 밑바닥에 뱃가죽을 붙인 채 엎드려 있었어도

기어코 하늘을 보려는구나, 하늘을 보려는구나

...

바닥은 차별이 없다. 낮은 것들만 스스로 모인다. 더 이상 망가질 일도 추락의 염려도 없다. 달관은 한 접시의 물에도 엎드려 견디는 슬기로 배운 것. 유영의 지느러미를 접고 인고로 눈 뒤집힌 넙치여! 몸서리치는 한 시절이 내장까지 게워 올렸지만 비상을 꿈꾸었던 게 너뿐이겠는가. 세상의 수심은 언제나 제 몫만큼만 키를 잰다. 오, 가슴만 키운 넙치여. 그래도 넌 도다리는 면했지 않는가.

쌍살벌의 비행

● 천융희

한낮 방죽을 따라 서성이다
마른 허공에서 추락한 쌍살벌 한 마리 본다

수면 위 허우적대는 동안
절대 소멸하지 않은 물의 과녁
일순간 파동 치는 저 목숨 부지한

죄다 매 순간 필사적이지 않은 생이 어디 있을까
결국 제 몸이 과녁일 수밖에 없는 날[生] 것들

빠져드는 몸이 주검을 밀어내느라
비껴가느라
절체절명 앞에서 소용돌이치는 비명은
곧잘 둥근 물결로 확장되어 사라지고 만다

불문하고, 죽을힘 다하는 저것
물가로 겨우 기어오르는 저것을
때론 물의 안쪽으로 더 깊숙이 밀어 넣고 싶어질 때

누군가 내 날갯죽지를 자꾸만 지우는 것 같다
사방, 생의 솔기에서 터져 나오는
이 땅 족속들의 비명이 어김없이

저기 저 환한 밤을 건너고 있다

●●●

세상의 수렁에서 허우적일 때 나는 과녁이 된다. 퍼덕일수록 커지는 파형, 체념과 저항의 부호 같은 처절한 몸짓과 그 생존의 비명. 시방 사람과 사람들이 이 어둠의 바닥을 치며 질곡의 과녁 속에 갇히고 있다. 삶의 경계와 명제가 명쾌하게 다가온다.

오래된 대추나무 한 그루

● 정이경

가죽만 남은 몸피에 새는 날아와 노래하지 않고
실한 달도 뜨지 않았다
낡은 반닫이에 달린 경첩처럼
붙·박·혀
고향 집을 지키고 있다
짧은 봄이 있었고
우물이 있는 마당에
여름 한낮이 몇 차례의 태풍과 함께 지나갔다
서늘함이 조급해질 무렵
옹이진 가지에서 뱉어내는 온전한 어머니의 방언들
그 문장을 받아 적다가 마르지 않은 수액으로 자란
오래된 나무의 딸임을 비로소 알게 되었다

굴뚝의 연기가 해를 가리고 초가에 박이 뒹구는 싸리나무 대문 집. 그 한편에 세월의 내력을 지키고 서 있는 대추나무. 온몸의 옹이 자국이 삶이 순탄치 않음을 말해주지만 안간힘으로 수액을 뽑아 올려 가지를 버티는 저 숭고한 모성은 감동 자체이다. 땅심에 내려 버티는 뿌리도 나약해지는 나이가 된 시인의 저 단단한 목질이 경이롭다.

빈칸
● 강희근

음악회에 갔다가 나오는 중에
몇십 년 전 제자 둘을 만났다
한 사람은 얼굴이 익은 데가 있고 한 사람은
얼굴부터 빈칸이다
얼굴만 아직 기억에 있는 제자도
얼굴 뒤에 있는 추억은 캄캄한 빈칸이다
시간이 흐른 뒤 그 얼굴을 만나면 그 얼굴마저 빈칸이 되리라
내가 지금 캠퍼스에서 만나는 이마 가지런한 학생들
뜻이 익은 석류처럼 촘촘한 학생들
이들도 언젠가 이마만 남고 빈칸이 되리라
이마마저 빈칸이 되면 추억은 추억끼리 만나
추억의 세상을 따로 만들지
모른다
바람이 한 잎 불어온다
바람이 만나는 바람에게도 빈칸이 있을까
강물이 어둠을 만나 소리를 죽이고 흐른다
어둠에게도 빈칸이 발을 디디고 들어와 있을까
아, 그들에게도 허무가 있을까

허무의 노래가 있을까

●●●

오늘도 나는 누구의 빈칸이 되고 누구를 빈칸으로 남기게 될까. 뭇 군상들을 빈칸으로 두고 온 사실들이, 또 빈칸으로 남겨졌을 사실들이 나를 두렵게 한다. 그러나 인연의 빈칸은 비워져 있어야 한다. 다음 생을 위하여.

제5부
그림자 함부로 밟지 마라

북어
● 이달균

못에 찔려 잠드는 날들이 많아졌다
좌판 위 마른 북어의 정물처럼 차갑게 누워
가슴을 짓밟고 가는 구두 소리를 듣는다
뚜벅뚜벅 그들처럼 바다에 닿고 싶다
아무렇게나 밀물에 언 살을 내맡겨 보면
맺혔던 실핏줄들이 하나 둘 깨어날까
내 꿈은 북(北)으로 가서 돌아오지 않았고
하얗게 녹슨 생각들이 부서져 쌓이는 밤
뜨거운 피를 흘리며 깊은 잠에 들고 싶다

●●●

북태평양 푸른 바다를 지느러미로 가르던 시절이 북어에게도 있었다. 하지만 현실은 좌판 위다. 북어의 꿈과 현실과의 괴리가 빛나는 시다. 다시 바다로 치닫고 싶은 열망을 잘 치환하고 있다. 길들여지지 못하는 아나키스트의 저항으로 읽어도 좋겠다.

독(毒)

● 최영욱

독사 한 마리 때려죽였다

그냥 보냈으면 좋았을 걸
옆집 할머니의 성화에
독을 품어 꼭 죽여야 한다는
재촉에 때려죽였다

혀가 있어도 사람의 말을 하지 못해
생명을 저주한 독 한 덩어리 품고 있어
맞아 죽었다

독에 독을 품고 독살스레 살아도
스스로도 맞아죽지도 않는
독사보다 더 독살스런 놈이
독사 한 마리 때려죽였다

아, 내 안의 모진 독이여

∴

절대자의 권능에 도전한 천사 사탄, 여인의 발뒤꿈치를 물려고 하고 돌로 쳐 죽여도 면죄부를 받는 것은 분노의 한 말씀 때문일까. 천국의 옛 영화도 비상의 날개도 퇴화시켜 정갈한 독 한 방울로 견디는 원죄를 본다. 똬리를 틀고 열정과 오기를 정제시켜 세상의 가슴팍을 노리는 시 한 편이 카인의 후예들을 마비시키고 있다.

어머니

● 박노정

세상에서 가장 아름다운 여인
어머니!
부모은중경(父母恩重經) 구절마다
촘촘히 배어 있는 당신의 뼈와 살
서 말 서 되의 피
여덟 섬 너 말의 젖
어머니 즈믄 밤 하늘 우러러
달빛 별빛 버무려 곱게 빚은
정화수 한 사발
어둠과 절망을 물리치시던
어머니 당신 앞에
그 누구도 떳떳하지 못합니다
세상 짐 서둘러 이고 지고 가는 길
어머니 약(藥) 손으로
오늘도 튼실한 목숨줄 이어 갑니다

●●●

어머니의 말씀은 영원하다. 두레박이 닿지 못하는 저 깊은 은혜의 우물과 정화수 한 사발의 치성 또한 영원하다. 생의 바닥과 벼랑 끝에서도 목숨마저 나누시는 굽은 허리 그 야윈 어깨의 어머니가 그립다. 어머니의 무량한 자혜가 온 누리에 퍼져 나가기를 기원해본다.

뒷굽
● 허형만

구두 뒷굽이 닳아 그믐달처럼 한쪽으로 기울어졌다
수선집 주인이 뒷굽을 뜯어내며
참 오래도 신으셨네요 하는 말이
참 오래도 사시네요 하는 말로 들렸다가
참 오래도 기울어지셨네요 하는 말로 바뀌어 들렸다
수선집 주인이 좌빨이네요 할까 봐 겁났고
우빨이네요 할까 봐 더 겁났다
구두 뒷굽을 새로 갈 때마다 나는
돌고 도는 지구의 모퉁이만 밟고 살아가는 게 아닌지
순수의 영혼이 한쪽으로만 쏠리고 있는 건 아닌지
한사코 한쪽으로만 비스듬히 닳아 기울어가는
그 이유가 그지없이 궁금했다

•••

나의 체중과 직립을 견뎌준 구두. 처절한 역사의 그 모퉁이를 돌았을 발뒤꿈치의 고통을 대신한 흔적들을 갈아 끼운다. 엄중한 잣대의 이데올로기를 요구한 이 시대에도 습관과 사유가 고루 닳지 못하고 비딱해 있다. 좌우의 단세포적인 기준이 뒷덜미에 따갑다.

달

● 도경회

보리누름에는
배고픈 달이 뜨곤 했다
끊겼다 이어졌다 먹뻐꾹 울음소리 까칠해질수록
금 간 독에 물 빠지듯 쌀독에 쌀 비어가고
빈 가슴 가득 뻐꾹새 목쉰 울음만 출렁거렸다
저녁 어스름이 목에 메이던 나
먼 우물 길어다
물드무 넘치도록 찬 샘물 부었다
아린 목젖 스쳐오는 바람 소리에 하염없이 허기 털어내던
여윈 물외꽃
아우를 닮아 빈혈을 앓았다
하얀 찔레꽃 송이송이 저며드는 밤
자물리는 보릿고개 접질러진 윤사월 뻐꾹새 먹빛 소리

오늘도 배고픈 달이 뜬다

●●●

보리는 아직 덜 익었고, 쌀독 바닥은 바가지 닿는 소리만 요란한 보릿고개 시절이 있었다. 뻐꾹새도 사연을 아는지 더 슬프게 울어 초승달도 주린 배를 움켜쥐고 가지 끝에 걸리었다. 퍼도 퍼도 마르지 않는 저 가난의 우물로 부황기를 달래던 유년. 찔레꽃도 빈혈로 피었다. 전설이 되었고 옹골지게 사리로 남았다. 시로 남았다.

봄날

● 양곡

앙상한 정신의 뼈마디로
이제는 모든 것이 끝났구나 생각될 때
풀뿌리조차 얼어붙어 이제는 정말
일어설 수도 없겠구나 생각될 때
그대는 꽃샘추위처럼 나에게 찾아온다
길가에 산수유꽃을 노랗게 피우며, 점심때
유치원 정문 앞에서 만났던 아지랑이가
골목길 모퉁이를 아롱아롱 돌아드는 오후 세 시쯤
아무에도 알리지 싶지 않고
누구에게도 들키고 싶지 않았던
강 건너 잔설(殘雪)이 얼룩진 산자락의 기억
마루 끝에 앉아 눈이 아프게 바라볼 때
그대는 산토끼들을 멸종시킨
들고양이들처럼 마당을 가로질러
무릎걸음으로 나에게 찾아온다

●●●

잔설에 묻어두었던 날카로운 기억은 황폐하게 뼈마디를 드러내고 생의 직벽은 가파르기만 하다. 어둠이 서툴었던 첫 경험의 그 밤처럼 밀쳐도 밀쳐도 새순이 돋는 이 잔인한 봄날, 어디서 한바탕 소동을 일으키고 사태를 이겨서 돌아오는 것인가.

분신

●임성구

여자의 방 빠져나온 울혈의 날들이
전조등 하나 없이 저벅저벅 어둠 사린다
어머닌 이미 강을 건너시고
빈 배에 앉아 시를 쓴다

둥글게 매끄럽게 살란 말씀 새기는데
툭툭 터진 실밥처럼 보풀거린 문장이
자꾸만 갓길을 가고 있다
천길 벼랑 뾰쪽한 길

곁가지는 쳐내야, 모난 돌은 다듬어야
아름드리 된다는데, 꽃빛도 환하다는데
아직도 나를 태우며 가는 길이 아득만 하다

●●●

내 안의 나, 의지와 사유에 얽매이면서도 자기모순과 굴레가 엇박자인 나. 모나지 말고 둥글게 살아가란 어머니의 말씀은 저 세상에서도 낭낭하신데 터져서 비집고 나오는 열혈의 감정들은 온몸에 보풀거린다. 나는 누구이며 너는 또 누구인가. 진신이면서 분신인 너, 그리고 나. 그 모진 인연.

내 그림자

●이상원

내 그림자 밟지 마라
긴 날을 함께 걸었으나 한 번도
내 가진 색깔을 가지지 못했다.
검정 단벌 깊숙이 모가지를 묻은 채
눈도 귀도 접고 풀포기에 던져져도
각인되는 법도 없이 묵묵히
내 가는 걸음을 따랐을 뿐이다.
지나가면 그뿐, 누구의 꿈도 아닌
허접한 길을 돌다 저물녘 기슭에 앉아
한 모금 연기나 흩는 내 등 뒤에 기대어
저만치서 흔들리는 바다 잔 물살에도
춥다고 움츠리는 내 그림자 밟지 마라.

●●●

언제나 발뒤꿈치 뒤에 있거나, 앞서 있으면서 감정을 지워버린 나의 분신. 허접한 삶의 모퉁이에서 한 번의 자기 소리와 색깔을 드러내지 못했던 그림자의 원죄는 나를 만났다는 것이다. 나지만 내가 아닌, 삶의 진부한 궤적 같은 그림자, 그 말씀이 귀 아리다.

목련

● 심언주

쪼끄만 새알들을 누가
추위 속에 품어 주었는지
껍질을 쪼아 주었는지
언제 저렇게 가득 깨어나게 했는지
가지마다 뽀얗게 새들이 재잘댄다
허공을 쪼아도 보고
바람 불 때마다
촉촉한 깃을 털고
꽁지깃을 치켜세우고
우왕좌왕 서투르게 날갯짓을 하고 있다
벌써 바람의 방향을
알아챈 눈치다

●●●

젖몸살을 하는 목련이 따스한 햇살에 자지러지게 수줍고, 진달래가 초경을 준비하는 사이 개나리도 실눈을 뜰 기세다. 허공을 쪼아대는 저 목련의 주둥이에 봄이 열리고, 낮은 키의 쑥도 암내를 풍긴다. 세상이 근지럽다.

추분 호박
● 이월춘

천지가 쓸쓸해지기 시작한다는
추분 무렵
삶이 그대를 꽤나 속이겠지만
곧 스산하게 감이파리 떨어지고
바람결 쌀쌀해지면
아버지 빛바랜 삼베적삼 같은
허수룩 농막 지붕 위에
사부작 사부작 기어올라 앉으신
미륵사 보살 두 분
붉누른 저 미소 살갑지 않으신가

● ● ●

벼락이 사라지고 벌레가 숨는다는 추분. 햇살이 세상을 데우는 시간이 짧아지고 그래서 눈치 빠른 고추는 미리 익는다. 조가 고개를 숙이는 들녘, 허수아비도 나락들과 유희하고 계신다. 한여름 격정을 이겨낸 작물들이 자연의 서사시를 쓰고 있다. 농막 위에 가부좌를 튼 호박을 미륵사 보살로 환치시킨 시인의 해학이 이채롭다.

파도가 새긴 서화
● 문정자

제주도 올레길을 바람 되어 올라서니
파도가 부딪히며 바위에 새긴 서화
영원히 지울 수 없는 큰 뜻 지녀 남았네.

비바람 천둥번개 얼마나 누렸을까
빛바랜 상처들은 다시금 멍이 들고
인고로 다져진 세월 이곳에서 머문다.

• • •

거울을 본다. 익숙하면서도 어쩐지 낯선 이가 거기 있다. 바람이 머물고 비가 고인 자리마다 주름 잡힌 얼굴이 있다. 연륜으로 포장된 삶의 흔적들이 낯설다. 그럴수록 나는 거울 앞에 서는 것이 어색하기만 하다. 천년을 더 살면 저 바위처럼 그림 한 장으로 남을 수 있을까. 얼마나 더 세파를 견디면 상처의 격정이 저렇게 의연할 수 있을까. 안으로 다스린 풍화된 나의 삶이 저 푸른 남해를 딛고 섰다. 저 수평선을 끌어당겨 잠시나마 누워 보고 싶다.

새우

● 서하

아무도 찾지 못할 곳으로 잠수해버리겠다던

그가 정말 사라졌다

세상을 안으로만 껴안은 탓인지

저 저녁놀

몸이 굽었다

바다가 내다보이는 마을 앞길도

굽을 데가 아닌 곳에서 더 굽었다

생의 마디마디 펴지지 않는 토막들 쓸어보는지

파도소리가 부르르르 마당에 깔린다

●●●

자연계에서는 직선과 직각은 없다. 그것은 인간의 창조물이다. 적당히 휘어지는 지혜, 완만히 경사되어 비켜서는 능력, 되돌아오는 탄성, 그것은 곡선의 힘이다. 껴안을 것이 많은 세상, 세태를 보듬는 연륜이 모두의 허리를 슬기롭게 굽혔다. 다 펴고 살고 싶은 기개는 부러진 토막과 함께 어디로 잠수하였을까. 못내 궁금해진다.

첫사랑

● 안화수

어린 시절 고향 길
그대로 서 있는 철 모르는 코스모스
하얀 옷깃에 주름치마 입었던
첫사랑 숙이를 닮았다

가을바람 조금만 닿아도
속치마 보일까 이리 흔들 저리 흔들
손잡자 얼굴 붉히며
손아귀 빠져나가는 모습
영락없는 열여섯 얼굴

십 년이면 산도 강도 변한다는데
삼십 수 년 넘는 세월마저 속인
시누대 같은 몸매
남강둑 휘영청 밝은 달빛 아래 서 있네.

● ● ●

바람결에 수줍게 흔들리는 코스모스가 첫사랑을 닮았단다. 고추잠자리 맴도는 저 길섶에 가을이 닿아 있다. 잠시 머문 햇살에도 감은 붉게 익어가고 들꽃들은 산고(産苦) 중이다. 달은 품은 남강은 시간을 끌어당겨 추억을 조제 중이고, 기억은 사금파리처럼 빛난다. 그래, 첫사랑은 늘 그렇게 좋은 것이다. 다만, 한 번밖에 못한다는 것이 아쉬울 뿐이다.

새
● 김복근

얼마나 속을 비우면 하늘을 날 수 있을까

몸속에 흐르는 진한 피를 걸러 내어

이슬을 갈아 마시는 비상의 하얀 갈망

혼자서 견뎌야 할 더 많은 날을 위해

항로를 벗어나는 새들의 저 무한 여행

무욕의 날갯짓으로 보내지 못할 편지를 쓴다.

· · ·

얼마나 버려야 저렇게 가벼울 수 있을까. 버린다고 다 버릴 수는 있는 것일까. 이슬을 밟고 서는 몸피의 중량은 한 방울의 탁한 피마저 걸러내야 한다. 허공을 가르는 새들의 영혼은 자유롭기만 한 것인가. 순교의 말씀의 수신처는 결국 화자의 몫이고, 독자의 몫이다.

양파꽃
● 김명희

매운 꽃을 아시나요
화왕산 관룡산 아래 다천산방 그 아래
흐르는 냇물을 일제히 밀어 올리는 지독한 꽃
웅얼웅얼 속앓이가 터지다 멈춘 듯
온몸 뒤덮인 열꽃
뭉툭하게 솟아 제 살 깎는 매운 날 끝으로
동행한 비도 몰아세우고
첫 수확 끝난 옥천 들판
댕그마니 씨종자 흔들리는 양파밭
매운맛 본 지 한두 해 아니지만
어디 덕 보려고 자식 키우던가
가슴속 암 덩이를 하얗게 피어 올려
또 한 번 세상에 속는
매운 꽃을 아시나요

● ● ●

철저히 독한 것만 남았다. 매운 세상살이 균열의 그 끝에 꽃으로 끌어 올렸다. 땅심 속에서 비집고 키웠던 몸집, 하얀 슬픔으로 게워놓고 아프게 흔들리고 있다. 흐드러지게 비 오는 날, 그냥 눈물에 매달리고 싶은 날, 양파밭에 가 볼 일이다.

3월의 부활

● 강경주

3월의 들녘에서 찬란한 반란이 일어
뿌리 깊이 묻어둔 앙심이 고개를 들고
푸르른 3월 하늘을 간질이며 일어선다.

동행을 다짐하다 떠나간 얼굴들도
지하 어느 3월을 밀어 올리고 있는 건지
꽃봉이 터지는 소리에 귀 기울이고 있는지

묵은 흉터에서 아른아른 살아 오르며
명주실 오라기마냥 흔들리는 아지랑이
떼 지어 언덕을 넘는 생명의 얼이 보인다.

●●●

시방 온 세상이 소란스럽다. 물관 채우는 소리 꽃망울 터지는 소리. 새순이 눈을 뜨고, 발바닥을 간지럽힌다. 배반의 미학이다. 묵은 상처는 새 피를 흘리고…… 대체 누가 이 계절에 마법을 걸었나.

회귀
● 정강혜

오늘 못 푼 매듭 있어
창밖으로 몸 기대니

앙 다문 입 안 가득
쓴 침 괴어 넘치고

바늘귀 뚫고 들어온
연록 햇살 부시다

손바닥이 발갛도록
비벼보고 두들기고

발바닥이 부르트게
가시 산 헤매이다

돌아와 두 손 모으고
관음에게 길 묻는다.

●●●

삶의 매듭이 사리가 되는 것일까. 인고는 그 색깔을 더 윤택하게 하는 것인가. 온종일 번민 속에서 격정을 다스리다 스스로 찾는 평정심은 이런 것이다. 절규를 내면으로 끌어들여 시로 승화한 능력이 돋보인다. 시인이 관음이다.

환생(還生)

● 최용호

한 줄기
우주의 빛이 스며드는 새벽길을
깨우친 목탁새가 열어 줍니다
내 콧구멍으로 넘나드는 그 은밀한 계시로

어둠에 젖은 나무 잎새들도
하나, 둘 눈 부비며
세상을 열어 줍니다
한낱 가벼운 설렘도
도솔천 건너온 것을.

밤새 쏟아진 별빛들이
방울 방울 풀잎에
이슬로 맺혀 있습니다
참으로 영롱한 이승의 불빛으로 맞이합니다.

밤새 뒤척이다 늘어진
육신을 세워

미명의 빗장을 따고 나선
아내와 나
모두 환생입니다
정갈합니다.

• • •

영원은 순간의 연속이며 무량수겁도 찰나의 연속이다. 어제가 과거 생이고 오늘의 삶조차 내세의 경계 위에 있는 것. 한 방울의 이슬을 보고 우주 섭리를 조사하는 형이상학을 포태하고 있다.

부지깽이

●최정란

아궁이에 몸을 넣어 불을 뒤집는다
아직 불붙지 않은 나무들과
이미 불붙은 나무들 한 몸이 되도록
멀리 있는 가지들 가까이 옮기고
바싹 가까운 가지들 틈을 벌린다
공기가 들어갈 틈이 불의 숨길이다
활활 타오르기 위해서는 너무 멀어도
너무 가까워도 안 된다
한 부분은 교차하듯 밀착되게
나머지 부분들은 엇갈리게 잡목과
장작에 다리와 각을 만들어준다
불꽃의 절정이 각을 무너뜨리면
불이 옮겨 붙은 나는 점점 짧아지고
더 이상 불을 뒤집을 수 없을 만큼
길이가 짧아지면 불 속으로 몸을 던진다
영원으로 날아오르는 불새 아니어도
인생의 질량만큼 불살랐으니 후회 없다

● ● ●

가마솥은 끓고 있고 아궁이의 불길은 활활 타고 있다. 타는 장작 위에 또 다른 장작들을 올려놓고 메케한 연기 속에 불의 숨통을 열어주고 이동을 돕는 가느다란 부지깽이. 마지막엔 길이가 줄은 제 몸마저 불 속으로 던지는 거룩한 그의 역할은 조건 없는 희생이다. 어느 누구도 영원을 함부로 설정할 수 있겠는가. 모든 것을 던질 수 있는 자세는 쉽게 흉내 낼 수 있는 용기가 아니다. 찔레꽃이 지천으로 피었다. 머지않아 백일홍이 세상을 달굴 것 같다. 우린 누구의 가슴에 함부로 꽃을 피우고 조건 없이 산화할 수 있을까. 감동은 승복으로 이어져 숙연하다.

지리산 편지

●황숙자

누님
찔레꽃 천지사방 환하게 피었으니
맘 상하는 일 있거들랑
고향으로나 오이소
귀농한 지 수년 되어 가는
녹차밭 한 켠 바위 같은 내 동생
화개 골짜기에
분 삭이는 기별 이랑처럼 패여서
섬진강 은어 떼 소리 다 모아
온밤을 채우고
별빛마저 비수가 되어
시리도록 꽃비가 되어 흩날리는 날
그래
돌아갈 곳이 있다는 건
지리산 자락 힘줄 같은 신작로 지나
불빛도 눈빛처럼 껌벅대는 저 골짜기에
남 몰래 찔레꽃 한 움큼 흩날리는 일이구나.

● ● ●

찔레꽃 피면 두견도 우는가. 지천으로 피어 있는 더미 속에서 귀농의 사연이 엿보인다. 창호지문 열면 별이 매만져지는 화개 골짜기, 나비도 잠시 날개를 접는 그곳. 성큼, 누님의 가슴팍이 그립다.

줄탁(啐啄)의 시 읽기

ⓒ 주강홍, 2022

초판 1쇄 인쇄 2022년 12월 21일
초판 1쇄 발행 2022년 12월 28일

엮은이 | 주강홍
펴낸이 | 김석봉
디자인 | 헤이존
펴낸곳 | 문학의전당
등 록 | 제448_251002012000043호
주 소 | 충북 단양군 적성면 도곡파랑로 178
전 화 | 043_421_1977
이메일 | sbpoem@naver.com

ISBN 979_11_5896_580_8 03810

- 이 책의 판권은 지은이와 문학의전당에 있습니다.
- 양측의 서면 동의 없는 무단 전재 및 복제를 금합니다.
- 잘못 만들어진 책은 바꿔드립니다.
- 이 시집은 2022년 경남문화예술진흥원의 문화예술지원을 보조받아 제작되었습니다.